人民币周边化问题研究

RENMINBI ZHOUBIANHUA
WENTI YANJIU

徐玉威◎著

西南财经大学出版社
·成都·

图书在版编目(CIP)数据

人民币周边化问题研究/徐玉威著 .—成都:西南财经大学出版社,
2018. 12
ISBN 978-7-5504-0196-9

Ⅰ.①人…　Ⅱ.①徐…　Ⅲ.①人民币—金融国际化—研究
Ⅳ.①F822

中国版本图书馆 CIP 数据核字(2018)第 292562 号

人民币周边化问题研究

徐玉威　著

责任编辑:王正好
责任校对:王青清
封面设计:墨创文化
责任印制:朱曼丽

出版发行	西南财经大学出版社(四川省成都市光华村街55号)
网　址	http://www.bookcj.com
电子邮件	bookcj@foxmail.com
邮政编码	610074
电　话	028-87352211　87352368
照　排	四川胜翔数码印务设计有限公司
印　刷	四川新财印务有限公司
成品尺寸	170mm×240mm
印　张	9.75
字　数	179 千字
版　次	2018 年 12 月第 1 版
印　次	2018 年 12 月第 1 次印刷
书　号	ISBN 978-7-5504-0196-9
定　价	68.00 元

前言

在经济全球化的今天，人民币国际化已成为学术界高度关注的热点之一。现实中的人民币国际化问题是一个庞大的研究课题，本书研究人民币国际化的一个分支问题，考察人民币在周边国家和地区是否执行了国际货币的职能。在中国积极推进人民币国际化的时代背景下，本书以人民币在周边国家和地区的流通状况为主线，运用现代西方经济学等相关理论知识，采用实证分析、规范分析、比较分析等手法，在国内外学术界已有研究成果的基础上，系统分析人民币周边化的现状、动力机制和抑制因素等理论性问题，并对进一步促进人民币在周边国家和地区的流通，实现区域国际化，进而为最终实现人民币国际化提出相应的政策建议。

本书共包含7章，各章的主要内容如下：

第一章是绪论。主要阐明本书的选题背景及研究意义，并对现有的国内外文献进行综述，介绍本书的研究框架、创新与不足。

第二章是人民币周边化的理论基础。本章主要从纯理论角度阐述一些关键性的西方货币理论。欧元区作为最优货币区理论成功的典型代表，为货币国际化开辟了一个新的路径选择，即通过区域货币合作，利用集体的力量，推进一国货币的国际化。在货币国际化的过程中，必然会出现一种货币对另一种货币的替代，即货币替代。贸易结算货币是一国货币走向国际化在职能上第一阶段的转变，但在国际贸易中，结算货币是根据什么决定的呢？即计价货币选择理论。

第三章是人民币周边化的动力机制。本章主要介绍人民币周边化的有利因素与优势。首先，中国强大的经济实力为人民币周边化的发展奠定了经济基础。本章主要从我国的经济总量及经济增长率、人民币币值的稳定和巨额的贸易顺差、充足的外汇储备三个方面加以考察我国综合的经济实力。其次，中国与周边国家在经济方面有比较大的联系，通过计算中国与周边国家和地区的贸易强度指数，发现中国与周边国家和地区的贸易联系比较密切。中国对周边国家的投资额逐年在增加，周边自贸区的建设说明中国与周边经济体在投资和区域合作方面联系也都比较紧密。最后，人民币离岸市场的迅速发展为人民币流出国门提供了条件与支持，"一带一路"和亚投行的成立更是助推了人民币周边化进程。

第四章是人民币周边化的现状分析。国际货币有三种职能，即计价、结算与储藏。本章通过跨境贸易人民币结算、金融交易、人民币的锚地位以及人民币在储备职能上的表现来探讨人民币周边化的情况。在人民币跨境贸易结算方面，重点考察了边境贸易的人民币计价和结算，中国优越的地理位置、国家政策的鼓励以及地方政府的大力支持，都促进了跨境贸易人民币结算顺利开展。在人民币在周边区域内的金融交易方面，考察了人民币对外直接投资、人民币债券的发行、人民币合格境外机构投资者以及人民币与外币的直接交易等情况。通过对人民币在周边区域内锚货币地位的检验，发现人民币汇率波动会对周边大部分经济体的汇率变动产生显著性的影响。人民币作为储备货币在全球市场上所占份额还很小，但是货币互换会增加人民币的储备货币功能，助推人民币周边化。

第五章是人民币周边化的抑制因素。本章主要探讨人民币周边化过程中遇到的问题以及阻碍。人民币在周边化过程中遇到的问题主要有：人民币进出口结算不对称、资本和金融项目人民币回流渠道少且限制多、边境地下经济猖獗等。此外，一些非经济因素也会抑制人民币在周边国家和地区的流通和使用，阻碍人民币周边化的推进。

第六章是政策建议。本章主要是结合人民币周边化的现状以及影响因素，研究如何扩大人民币在周边国家和地区的流通范围和规模，为实现人民币在周边区域内的国际化给出相应的政策建议。中国强大的经济实力是人民币周边化的经济基础。要推动人民币周边化的发展，应保持我国经济的快速发展，稳固并提高人民币在周边国家的影响力，扩大人民币的流通规模。要实现人民币周边化，就要进一步加强中国与周边经济体的经济联系，扩大区域经济货币金融合作，实现共同发展。一国货币国际化离不开离岸市场的支撑，在推动人民币周边化过程中，要利用香港人民币离岸中心的功能，更要进一步推进和完善人民币离岸中心的建设。人民币在周边化进程中遇到的问题归根于我国金融市场的不健全，这就要求我国继续推进金融市场改革，逐步实现资本账户开放，以便实现人民币的可自由兑换。

第七章是结论与展望。对本书的研究内容和结果进行梳理，并对下一步可进行的研究进行展望。

　　本书可能的创新主要包括以下几个方面：第一，研究对象的选取，本书以中国周边 26 个国家和地区为研究对象，对人民币周边化进行研究；第二，详细介绍中国与周边经济体的贸易联系与投资往来；第三，分析人民币在周边区域内的金融交易，检验人民币在金融产品方面的计价和结算情况；第四，检验人民币是否成为周边区域内的锚货币，为人民币周边化的现状提供实证分析；第五，本书结合中国自身的优势、人民币周边化过程中遇到的问题等情况，为人民币进一步实现国际化提供政策建议。

Preface

As the development of economic globalization in the world, the internationalization of the RMB has already became one of monetary economic phenomenon. The real issue of RMB internationalization is a huge social subject. This paper aims to studying a branch inspect of the internationalization of the RMB, whether the RMB in the surrounding countries and regions perform the functionof the international monetary. Under the background of promoting RMB internationalization, the paper research focus on RMB calculation in the surrounding countries and regions. By using the modern western economics and other related theory, the empirical analysis and normative analysis, comparative analysis and other methods, based the academic research results at home and abroad to study the current situation of RMB in the surrounding countries and regions, the dynamic mechanism and restraining factors. At last, some policy recommendations will be put forward to enhance the circulation of RMB in the surrounding countries and regions, realize regional internationalization, and finally realize the internationalization of the RMB.

This paper contain seven parts, themain content is as follows:

The first part is the introduction. Mainly expounds this article selected topic background and research significance, and summarized the existing literature at home and abroad, introduce the research framework, the innovation and deficiency.

The second part is the theoretical basis. This chapter expounds some key western monetary theorymainly from the angle of pure theory, which contains three theories. The euro zone as a typical representative success of the optimum currency area theory, which opened up a new way for the choice of currency internationalization path. That is through the regional monetary cooperation, using the power of the collective to promote the internationalization of a currency. Currency substitution will arise in the process ofcurrency internationalization. In international trade, which factors can decide the settlement currency. The currency choice theory can answer the question.

The third chapter is the dynamic mechanism of RMB internationalizationin the surrounding countries and regions. This chapter mainly introduces the favorable factors and advantages. First, China's powerful economic strength laid a solid economic foundation. This section contains the China's economy and the economic growth rate, the stability of RMB, huge trade surplus and plenty of foreign exchange reserves three aspects. Second, China's economic ties with its neighboring countries closely. By calculating China's trade intensity index with the surrounding countries and regions, found that China's trade links with neighboring countries and regions closely. The increasing investment in surrounding countries and regions and free trade area construction with neighboring countries all illustrate that China and the peripheral economies connected in terms of investment and regional cooperation closely. At last, the rapid development of the offshore market provided conditions and support for the inflows and outflows of RMB. The construction of " one belt and one road " and Asian Infrastructure Inveatment Bank all helped the process of RMB internationalization in surrounding countries and regions.

The fourth chapter is the status of RMB internationalizationin the surrounding countries and regions. We know that international currency has three functions, which are valuation, settlement and storage. This chapterdiscusses the situation of RMB internationalizationin the surrounding countries and regions through the cross-border trade RMB settlement, financial transactions, anchorage of RMB and the performance of the RMB on the reserve function. In terms of cross-border trade settlement, focuses on the frontier trade. China's excellent geographical location, the encouraging national policy and support of local government promote the yuan settlement of cross-border trade. The financial transactions contain the direct investment, issuing RMB bonds, the qualified foreign institutional investors, and the direct trading of the renminbi and foreign currency. The test of RMB as anchor currency find that the RMB exchange rate fluctuations will affect the exchange rate changes of most surrounding countries significantly. The RMB as a reserve currency in the global market share is still small, but the currency swap will increase the reserve currency function of RMB, boost the RMB internationalizationin the surrounding countries and regions.

The fifth part is the restraining factors. This chapter mainly discusses the problems and the unfavorable factors which may hinder the development of RMB international-ization in the surrounding countries and regions. The problem mainly has: the import and export settlement asymmetrical, less RMB outflow channels of capital and financial account, the rampant border underground economy. In addition, the non-e-conomic factors such as unstable relations across the Taiwan straits, Sino-Japanese re-lation, the South China Sea dispute will limit the circulation and use of RMB in the surrounding countries and regions, which will hinder the RMB internationalization.

The sixth part is the policy recommendations. This part mainly offers policy rec-ommendations for RMBinternationalizationin the surrounding countries and regions by combining the status with influence factors. China's powerful economic strength is the basis. We should promote the development of the economy stably and raisethe status and influence of RMB, expand the scale of the RMB circulation in the surrounding countries and regions. In order to realize the RMB internationalizationin the surround-ing countries and regions, it is need to further strengthen the ties between China and the peripheral economies, expanding the regional economic monetary and financial co-operation. A country's currency internationalization dependents on the offshore market. In the process of promoteing RMB internationalization, we should actively use the con-venience of Hong Kong offshore RMB centre, further promote and perfect the con-struction of the offshore RMB centre. The problems raise in the process of RMB inter-nationalizationin the surrounding countries and regionsis because of our immature fi-nancial markets, which will requires our country continue to push forward the reform of financial markets, deepen the RMB exchange rate formation mechanism and gradu-ally open capital accounts in order to make the RMB convertible. The RMB offshore market has made important contributions to the development of RMB internationaliza-tionin the surrounding countries and regions. So we should further improve the devel-opment of offshore RMB market.

The seventh part is conclusion and prospect. Carding the research content and re-sults of this paper and discussing the research of next step.

According to the analysis of this article, this article's possible innovation mainly includes the following aspects. First, the selection of the research object. This paper takes 26 countries and regions around China as the research object. Second, introdu-cing the rade links and investment flows between China and neighboring detailedly; Third, analyzing the financial transactions in the surrounding area to inspect denominated in RMB of financial products; Fourth, checking the renminbi has became the anchor currency of surrounding area or not to provide an empirical analysis; Fifth, providing policy advices to implement internationalization further by combining with China's own advantage, the problems raise in the process.

目　录

1 绪论

1.1 研究背景与研究意义

在世界经济领域，货币国际化一直都是被关注的热点和重点。近几年来，人民币国际化问题引起众人的关注，这不仅是因为中国经济的崛起，使人民币在世界上扮演的角色越来越重要，更是因为频发的经济金融危机暴露了许多现有国际货币体系的弊端，使人们对美元霸权地位的质疑和反对声日益增大，改革国际货币体系的呼吁声越来越高。2015 年 12 月 1 日，人民币加入"特别提款权"货币篮子，成为世界上第五大储备货币。这标志着国际社会对人民币的认可，是人民币国际化进程中的一个重要里程碑。

历史事实表明，一国货币的国际化往往随着这个国家的经济崛起而发生。中国经济的迅速发展，使其在世界经济格局中所占的地位越来越重要。人民币国际化是中国的一个必然选择。中国作为世界各国的一员，需要为国际货币体系的改革出一份力。自国内学者开始研究人民币国际化以来，关于人民币国际化路径的选择一直是大家关心的一个问题。众多学者分析了西方发达国家货币国际化的发展历程，总结其成功经验，发现一国货币成长为国际货币的路径主要有两种选择：第一种是以英镑和美元为例，凭借自身强大的国家实力，以单兵作战的形式实现国际化；第二种是以欧元为例，依靠集体行动的力量，货币发行国放弃一定的货币主权，通过区域货币合作实现货币的国际化。在第一种模式中，殖民经济扩张和霸权主义是英镑和美元成功实现国际化的基础，因此第一种模式对于人民币国际化路径的选择具有较少的借鉴意义，因为其是在特殊的历史背景下实现的。而日元国际化的失败和欧元的诞生则表明货币国际化第二种模式在当今国际货币体系具有强大的生命力。在现行国际货币体系下，美元占据霸权地位，一国货币要实现国际化，走美元、英镑国际化的道路是行不通的，即不可能仅仅依靠自身强大的力量来实现本币的国际化。一国必须得重视地域经济因素，加强区域间各国的货币金融合作，先实现货币区域化，再实现国际化。由于欧洲这种通过区域经济一体化实现成员国货币国际化的路径是在满足特定的条件下实现的，人民币国际化不可能通过完全复制欧元的道路来实现。但欧元的成功却给人民币的国际化指明了一条方向，即通过深化区域经济合作。

目前，学术界关于人民币先通过区域化来实现国际化的看法初步达成了一致，相关的研究也大量涌现。但关于人民币区域化的实现，学者们有不同的意见，主要有三种观点：一是区域合作赞同论，即中国通过参与区域货币合作实现人民币的区域化；二是区域合作否定论，即人民币依靠自身强大的经济力量独立实现人民币的区域化；三是区域合作阶段论，即先实现人民币周边化再通过区域货币金融合作实现人民币的亚洲区域化。第一种观点认为，中国现阶段应参与东亚区域货币合作（戴金平，2003；麦金农，2003）。第二种观点认为人民币可以通过自身的竞争优势实现亚洲化，而无需参与进东亚区域货币合作。姚枝仲（2004）认为，中国与亚洲其他国家间存在这不对称的竞争压力，人民币在亚洲的汇率协调中处于非常有利的地位，在这种情况下，中国与其他亚洲国家统一的汇率协调机制并不是人民币最优的选择。第三种观点认为人民币国际化应该分为三步走，即先通过自身的优势实现人民币周边化，进而再通过区域货币金融合作，实现人民币在更大区域范围内的区域化，最终实现在全球范围内的国际化。何慧刚（2007）、巴曙松（2009）、刘力臻（2010）提出人民币国际化应遵循"人民币周边化—人民币亚洲化—人民币国际化"的路径来实现。目前，区域合作阶段论占据主导地位，该理论认为先实现人民币周边化后再通过区域货币金融合作实现人民币的亚洲区域化，进而最终实现人民币国际化，即"三步走"。所以，人民币周边化作为实现人民币国际化的一个重要步骤，具有重要的研究价值。

另外，中国周边国家作为中国的海陆邻国，这些国家对中国的影响非同寻常。这些国家作为人民币走出国门的"第一站"，对人民币的整体境外流通规模有着一定的决定作用。这也是本书为什么要研究人民币周边化的一个重要原因。

近年来，国家为促进人民币国际化实施了一系列的政策措施，其中，人民币跨境贸易结算、建立人民币离岸市场、扩大与境外国家的货币互换安排、"一带一路"倡议等举措在人民币周边化发展进程中作用斐然。但这些举措具体怎样促进了人民币周边化？人民币周边化的现状怎样？以及在人民币周边化进程中遇到哪些问题？怎样才能进一步推动人民币周边化？本书试图分析并解决这些问题，对于人民币国际化的实现具有重要的现实和理论意义。因为人民币周边化的顺利推进，不仅能够给中国带来铸币税收入、降低交易成本与交易风险等直接受益，更重要的是人民币周边化与中国经济实力的提高相结合，能够有效地提高中国在周边国家和地区的经济地位与"软实力"，深化中国与周边国家和地区的经济、金融联系，有助于经济与金融环境的稳定，反过来将进一步推动中国经济的持续发展。因此，对人民币周边化问题进行全面的研究具有非常重要的意义。

1.2 相关文献综述

1.2.1 中国周边国家和地区的界定

本书主要研究人民币在中国周边国家和地区的国际化。首先对本书的研究对象"中国周边国家和地区"进行界定。目前，学术界和国际社会对中国周边国家范围尚没有统一界定，国内学术界有多种说法：第一种是将中国的海陆邻国作为中国的周边国家①。第二种是将中国的海陆邻国和东盟中的其他成员国作为中国的周边国家。第三种是大周边概念。阮宗泽指出中国的周边国家包括和中国接壤的国家或与中国有紧密利益关系的国家。第四种是除上述三种说法之外个别论著中的其他划分方式。从上述四种划分方式可以看出，第一种划分比较直接，但在实际中的应用却很少；第二种划分方式在经贸统计中较为常见；第三种划分方法理念较为新颖，但是不确定性大。由于第二种界定方式得到地理学界和国际经贸界的认同，本书采用第二种界定方式。根据第二种界定方式，中国周边国家有 23 个，从地理位置上来看，这些国家主要有位于东北亚地区的俄罗斯、蒙古、朝鲜、韩国、日本；位于东南亚地区的越南、老挝、柬埔寨、泰国、缅甸、马来西亚、印度尼西亚、文莱、菲律宾、新加坡；位于南亚地区的尼泊尔、不丹、巴基斯坦、印度、阿富汗；坐落于中亚的塔吉克斯坦、吉尔吉斯斯坦、哈萨克斯坦。再加上我国香港和澳门特别行政区以及台湾地区，本书的研究对象共有 26 个。

---

① 钱洪良，杨光海. 中国和平崛起与周边国家的认知和反应 [M]. 北京：军事出版社，2010.

1.2.2 人民币国际化相关文献综述

2009 年，跨境贸易结算试点正式启动，这标志着人民币国际化进入一个新的阶段。本书以此为分界点，分别对人民币国际化的早期研究和新阶段发展进行文献综述。

（1）人民币国际化早期研究

自从人民币国际化被提出来以后，国内学者给予了高度重视，并从各个方面进行了大量的理论和实证研究。

第一，人民币国际化的必要性和可行性。景学成（2000）认为人民币在中国周边国家区域内的流通不能视为人民币国际化的开端，因为其是非制度行为。凌星光（2002）认为人民币逐渐增强购买力，使之已经成为亚洲的关键货币，具备成为国际储备货币的一些条件。查勇贵（2005）对比分析了中国与 20 世纪 80 年代的德国、日本的情况，认为人民币已具备了国际化的条件。张爱文（2005）从五个方面论述了人民币国际化的必要性：一是增加铸币税收入；二是有助于提升中国的国际影响力；三是促进中国金融体制改革；四是增强中国货币政策的独立自主性；五是避免货币期限错配的风险。此外，他还分析了有助于实现人民币国际化的国内条件，包括持续高速的经济发展、不断完善的金融市场、人民币币值的稳定和经常项目的可自由兑换等。此外，也有不少学者从中国未来的发展前景进行分析。李晓、丁一兵（2006）和刘群（2006）认为如果人民币不往国际化的方向发展，就会导致中国的经济大国地位与其非国际化的货币不匹配，进而会阻碍中国经济的进一步发展。

第二，人民币国际化的实现途径及策略。钟伟（2002）认为中国在推进人民币资本项目可兑换的同时，积极推进人民币国际化，使二者合二为一同时进行。巴曙松（2005）认为人民币国际化的实现，应以边境贸易为突破口，然后培育足够大的国内金融市场，进而用没有管制的离岸市场。谢太峰（2006）和鲁国强（2008）先后提出人民币国际化应通过三个步骤来实现：首先，是周边化；其次，实现人民币在亚洲区域内的国际化；最后，实现人民币在全球范围内的国际化。

（2）人民币国际化最新发展

人民币国际化的最新研究主要集中于跨境贸易人民币结算和人民币离岸市场的发展。

首先，跨境贸易人民币结算在人民币国际化进程中扮演重要角色。自2009 年我国跨境贸易人民币结算试点启动以来，先后有 174 个国家与我国发生跨境人民币收付，2015 年大幅跃升到 7.32 亿元。开展跨境贸易人民币结算具有重要的现实意义和长远意义，不仅有利于减少汇兑成本和避免汇率风险，对于企业层面的财务管理，也会降低其成本，容易计算贸易的收益和成本①。陈莹（2010）认为开展跨境贸易人民币结算有助于提升人民币的国际地位，降低进出口企业的成本与风险。随着研究的深入，众多学者发现在跨境贸易中，人民币结算多是集中于进口而非出口，出现严重的"跛足"状况。李艳丰（2011）认为跨境贸易人民币结算失衡的实质是单向货币替代，人民币在计价结算功能方面从进口方"单向"地替代美元。作为人民币输出的主要渠道，跨境贸易人民币结算进出口贸易不对称是市场理性选择和政府政策导向的结果。她从三个方面分析了中国跨境贸易人民币结算失衡的原因：一是出口产品差异度，研究结果显示占中国对外总出口 46.94% 的加工贸易出口产品差异化小，出口企业缺乏议价能力，出口企业更多选择交易货币计价，比如美元等；二是货币价值的稳定性，人民币的升值预期，导致境外企业更愿意接受人民币收款，享受人民币升值以及由此引发的套汇、套利带来的收益；三是人民币离岸市场上广度和深度发展有限，人民币境外存量较低，造成境外贸易企业获得人民币并用于进口支付的难度较大或成本较高②。王信（2011）认为进口人民币结算较多是由于进口企业使用人民币结算可以节约汇兑成本，也可能有一些进口企业通过关联公司在香港套汇、套利。而出口结算较少不仅因为境外人民币存量少、出口结算还存在政策限制等。虽然王信（2011）也承认套汇、套利是进出口结算失衡的原因，但他并不认为这是主要原因，同时他还认为这种套汇、套利行为是企业出于自身利益的考量，属于正常现象，而且这种套汇、套利行为也可能是对其他套利行为的替代。何东、马俊（2011）认为不应高估人民币升值预期对进出口贸易人民币结算结构失衡的影响，因为自2011 年 5 月份以来，人民币升值预期大幅下降，但跨境贸易人民币结算量依然保持每月 10% 的增长速度。在人民币贬值预期下，进出口企业开始反向套汇，从而使得出口人民币结算额增加、进口人民币结算额下降，使人民币结算结构趋于平衡（余永定，2012；张明，2012）。范方志、韩骏（2012）研究了跨境贸易人民币结算的影响因素，发现资本账户管制、贸易结构、进出口产品类型、企业类型和交易对手国对其都有影响。人民币作为结算货币，不仅可以降低我国使用外币结算过程中的成本。另外，人民币跨境流出国门也为境外需

---

① 苏宁. 稳步推进长三角地区跨境贸易人民币结算 [J]. 中国金融，2010（8）：8-9.
② 李艳丰. 跨境贸易人民币结算失衡问题研究 [J]. 经济与管理，2011（10）：54-57.

求者提供了便利。当越来越多的国家使用人民币结算，说明人民币离实现国际化也不远了（武江，2014）。另外，跨境贸易的迅速发展，有利于人民币的国际储备地位的提高和离岸金融市场的形成（姚文宽，2015）。

其次，人民币离岸市场的发展。人民币离岸市场的迅速发展引起国内学者的关注，纷纷对其发展的意义和进一步完善措施展开了研究。为什么在我国资本项目尚未完全开放的情况下发展人民币离岸市场？因为发展人民币离岸市场有助于推进人民币国际化（何东，2011）。此外，学术界对于人民币离岸市场的发展是否可以倒逼国内金融体系改革的意见尚不统一，一部分学者持赞同意见（何东、马骏，2011；王信，2011），一部分学者持反对意见（余永定，2011；张斌，2011）。总之，人民币离岸市场带给人民币国际化的利大于弊，发展人民币离岸市场是在本国金融市场开放度不足情况下，为国际市场提供人民币流动性与投融资渠道的必要途径（丁一兵，2016）。因此，进一步促进完善离岸市场是推进人民币国际化的一个必要措施。在提出进一步发展人民币离岸市场政策意见之前，有必要对影响其发展的因素进行探讨。在人民币离岸市场建设中，必会或多或少受到政治、经济、法律法规等方面的影响，此外，在岸市场的发展也会影响离岸市场的建设。目前，我国的金融市场在深度和广度方面都有所欠缺，这都会阻碍人民币离岸市场的发展。

以上梳理了国内学者对于人民币国际化的研究。随着中国经济快速发展，综合国力强盛，人民币国际地位上升。人民币国际化问题不仅仅吸引着中国人的目光，世界各国人民都或多或少的关注着人民币国际化的发展。下面对相关的国外文献进行综述。

首先，人民币国际化现状。Ito（2010）实证研究发现，人民币在2005—2008年的汇率波动与新加坡元、林吉特、菲律宾比索和泰铢的汇率或多或少发生了联动，说明人民币在亚太地区有着重要影响。Chen和Cheung（2011）认为虽然人民币在贸易融资和离岸市场方面的使用迅速增长，但与中国经济规模相比，人民币的海外使用规模还是微不足道的。Tung等（2012）运用主成分分析方法估算出2009年的人民币国际化程度指数为0.12%，全球排名18，与美元、欧元、英镑和日元相比，差距还很大。此外，还有学者从人民币汇率角度考察人民币国际化情况。Fratzscher和Mehl（2014）发现，从国际货币的汇率锚功能上看，人民币扮演着亚洲区域性货币。

其次，人民币国际化的条件。Park（2011）认为人民币要想成为真正的国际货币，必须要开放中国国内金融市场，采取浮动汇率制度，实现人民币的完全可兑换。Eichengreen（2011）认为要实现人民币国际化，不仅要开放中国的金融市场，还必须健全和完善相关法律制度，以保障人民币证券境外持有者的安全。Frankel（2012）认为人民币在经济规模以及境内外居民对货币的信心这两方面满足成为国际货币的条件，但是必须通过开放资本账户、实行汇率自由化来增加中国金融市场的深度。Chitu 等（2014）也认为实现人民币国际化的关键因素是放开资本账户管制、深化汇率改革，建立具有流动性的金融市场。

再次，人民币国际化面临的机遇与挑战。Martellato（2010）认为中国强大的经济实力和开放的贸易政策使人民币有潜力成为国际储备货币。Stier 等（2010）认为人民币离岸市场的建立与迅速发展，将会推进人民币国际化进程。Glick 和 Hutchison（2013）发现金融危机后，投资者开始把注意力转向中国，中国相比美国与亚洲主要经济体之间的股票市场联动性更强。关于人民币国际化面临的挑战，Gui（2013）认为人民币的流入和流出不对称也是人民币国际化进程中急需解决的问题。而中国没有一个开放、深入和广泛的金融市场，这将阻碍人民币国际化的脚步（Lee，2014）。

最后，人民币国际化的路径选择。Subacchi（2010）认为人民币国际化目前只能采取双规策略：一是推动跨境贸易人民币结算；二是建立离岸市场增加人民币的吸引力。在这方面的研究，大部分国外学者与国内学者的观点一致，认为人民币国际化应该采用可行的区域化路径，即人民币先发展成一种亚洲的区域货币，再实现在全球范围内的国际化（Srivastava，2012）。

综上所述，国外学者们普遍认为人民币国际化在一些方面已取得了较大进展，但是程度还很低。目前人民币实现国际化的条件是放开资本账户管制，实现人民币汇率自由浮动和可自由兑换，建立一个完善的金融市场。

1.2.3 人民币周边化相关文献综述

1.2.3.1 人民币区域化和周边化相关概念

（1）货币区域化和人民币区域化定义

在一个区域内，随着各个国家和地区间的经济合作和相互依赖关系的加强，使一国货币突破国界在范围更广的区域内流通，即出现货币区域化。张礼卿、孙志嵘（2005）认为："货币区域化通常是指在一个由两个或两个以上经济联系比较密切的国家所组成的区域内，有关国家通过加强货币金融合作、经济政策协调乃至某种形式的制度性安排，实行永久性固定汇率安排或采用单一货币的过程。"① 刘力臻、徐奇渊（2006）认为，货币的区域化是货币国际化的中级阶段，当一种货币在一个国际区域内替代当地货币成为共同使用的货币时，该货币的国际化便进入了国际区域化的层次，如拉美地区的美元化亦可视为美元的国际区域化；货币国际区域化的另一种表现是通过货币间的长期合作最终整合为一种新型的统一的国际区域货币。②

一方面，根据货币区域化的定义，可以看出货币区域化是一个地理区域概念，是一国货币在地域上由近及远的扩张过程；另一方面，货币区域化可以通过区域内货币长期合作，成员国放弃本国货币发行权，最终形成统一的区域货币。货币区域化阶段并不是所有货币国际化的必经阶段，如美元是先实现了国际化之后才开始区域化的进程，在南美地区建立美元货币区。

很多学者对人民币区域化展开了研究。丁一兵、李晓（2006）认为："所谓的人民币的亚洲化，是指人民币通过参与东亚区域货币金融领域的制度性合作，争取成为区域内关键货币的过程。"③ 贺翔（2007）④ 认为，人民币区域化是指我国同边境国家和香港特区政府做出一定的制度安排，引导或推动人民币在该区域内行使兑换、交易、流通、储备等职能或采用单一货币的过程。邱兆祥（2009）⑤ 提出，人民币区域化是人民币在一个地理区域（如东亚、亚洲）行使价值尺度、交易媒介、储备手段等职能；由于人民币在资本项目下的不可兑换以及区域内存在日元这种国际货币，使得人民币不可能像美元一样先实现国际化再开始区域化，人民币区域化也不可能是人民币在亚洲区域内的货币一体化，而是通过与区域内货币的长期合作和竞争成为区域内关键货币的一个过程。

从以上定义可以看出，由于人民币本身的限制和亚洲区域特殊的环境，人民币区域化就是人民币走出境外，在一定区域内行使国际货币职能的一个过程，它是实现人民币国际化的一个必经阶段。

（2）人民币周边化的概念

目前，单独研究人民币周边化的文献比较少，人民币周边化并没有系统的、规范的定义。任传东（2010）认为："人民币周边化主要是指人民币在中

---

① 张礼卿，孙志嵘. 货币区域化的收益和代价——兼谈人民币的周边流通和区域化 [M]. 北京：中国财政经济出版社，2005.

② 刘力臻，徐奇渊. 人民币国际化探讨 [M]. 北京：人民出版社，2006.

③ 丁一兵，李晓. 亚洲的超越 [M]. 北京：当代中国出版社，2006.

④ 贺翔. 人民币区域化战略问题研究 [J]. 河南金融管理干部学院学报，2007，1：55-60.

⑤ 邱兆祥. 人民币区域化问题研究 [M]. 北京：光明日报出版社，2009.

国边境贸易和边境旅游中成为计价和结算货币，能够在一定范围内为相关国家和地区所接受，可以自由流动。"[1] 杨荣海（2011）[2] 认为，人民币的周边化是人民币进入周边国家的金融中心，成为其主要储备货币的过程，需要周边国家在与中国展开货物贸易、服务贸易以及资金流动过程中，把人民币视为这一区域中的一个"货币锚"。人民币周边化是人民币国际化关键的第一步，关于人民币周边化的推进机制，必将是与中国内地经济有往来的中国香港地区、中国澳门地区、东盟、南亚和东北亚等地区来展开，沿着计价、结算和储备的模式来逐步推进。

本书研究的人民币周边化，即人民币周边国际化，是以特定的一个"区域"，即以中国周边区域为研究对象，考察人民币是否行使国际货币职能。因此，本书研究的人民币周边化本质上仍是对人民币区域化、国际化的研究，或者说根据研究对象的选取，人民币周边化是人民币区域化研究的一个特例。根据人民币区域化的定义，人民币周边化是指人民币在中国周边区域内行使价值尺度、交易媒介、储备手段等国际货币职能，在区域内金融、贸易中发挥其关键货币的职能。

人民币周边化、区域化是需要用战略眼光同步推进的。通过推动人民币周边化、区域化，逐步提高人民币在周边区域、亚洲区域乃至整个世界货币体系中的地位，从而逐步完成国际化道路。

1.2.3.2 人民币周边化研究现状

目前，国内学者对人民币周边化的研究多是集中于人民币在周边国家的流通规模和范围。要研究人民币的境外流通能力，首先要确定人民币境外流通的规模。目前，人们常用的估算方法有两种，即直接估计和缺口估计两种方法。

直接估计法是人们普遍采用的简单方法，从事相关研究的人员及中国人民银行一般都采用这种方法来进行估算。为了更好地表达直接估算法的原理，我们采用一些符号来表示在一定时期内人民币流出和回流的途径，假设：E_1 代表边境贸易支出；E_2 代表境外投资支出；E_3 代表出境旅游消费或探亲支出；E_4 代表非法交易流出量，如走私等；E_5 代表地下汇兑；I_1 代表贸易流入；I_2 代表投资流入；I_3 代表入境旅游；I_4 代表非法交易；I_5 代表通过银行体系的回流。境外人民币现金存量 Q 为流出与回流之差，可以通过如下公式得出该时

① 任传东. 略谈人民币周边化、区域化 [J]. 区域金融研究，2010，2：37-39.
② 杨荣海. 人民币周边化与东盟国家"货币锚"调整的效应分析 [J]. 国际贸易问题，2011，3：61-68.

期内的人民币境外存量 Q[①]：

$$Q = \sum_{i=1}^{5} E_i - \sum_{j=1}^{5} I_j = (E_1 + E_2 + E_3 + E_4 + E_5) - (I_1 + I_2 + I_3 + I_4 + I_5)$$

(1.1)

从式 1.1 中可以看出，直接估算法简单易计算，如 E_3 和 I_3，可以按照相关规定的安排对这一时期每人携带的人民币数量进行估计，再乘以该期间内的出入境人数即可。但是，这种方法也存在着明显缺陷。在当前制度不健全的情况下，人民币跨境流通的渠道多种多样，不能精确地统计数量，只能大致估算，而估算结果又会因人而异，如地下汇兑、地下交易量等非法交易的数据，会根据计算人不同的意见得到不同的数据，最终导致计算结果的差异。据中国人民银行调查统计司的调查结果，2004 年人民币现金流通额为 7 713 亿元，流出与流入额分别是 3 906 亿元和 3 807 亿元，净流出 99 亿元。截至 2014 年年末，与我国周边接壤国家和港澳台地区的人民币现金存量达 216 亿元，比 2001 年增多了 34 亿元。

缺口估计法是孙东升（2008）在其《人民币跨境流通的理论与实证分析》一书中提出的。他以凯恩斯的流动性偏好理论和弗里德曼的现代货币数量论为依据，构建了 $M = f$（规模变量；机会成本变量；制度变量；其他变量）的货币需求函数。他认为在人民币不外流的情况下，国内货币供给总量应该完全等于其国内的需求量，而国内货币需求量取决于一些经济变量，如国内生产总值、国内物价水平等因素，并且国内货币需求量与这些经济因素之间的对应关系在一定时期内是比较稳定的。当人民币发生外流时，国内货币需求量和境外人民币需求量加总即可得到人民币货币供应量。由于国内货币需求量和前期数据有比较稳定的关系，我们可以根据前期数据建立模型推算出未来的国内货币需求量。推算出的需求量值与实际的供应量之间的差值即为境外人民币数量。王峥（2015）利用缺口估计的方法，通过对 1992—2002 年的季度样本数据进行协整分析构建我国货币需求函数模型，对 2003—2014 年的季度人民币跨境流通规模进行了测算。结果显示，人民币境外存量平均值在 2011 年达到历史最大值，高达 979.25 亿元，到 2014 年回落至 547.32 亿元。缺口估计方法在推断人民币国内需求时选择的变量会结合中国的国情、参考经济体制变革和经济发展程度等因素，因此最后的估计结果相对直接估计法更具有可信性。但是，这种方法存在两个问题：一是没解决直接估计方法中不可获得的统计变量；二

[①] 孙东升. 人民币跨境流通的理论与实证分析 [M]. 北京：对外经济贸易大学出版社，2008.

是关于货币需求的计算方面至今还存在着很多的争议。因为影响货币需求的因素多而杂，所以用间接估计法准确地计算出人民币跨境流通的数量也是比较困难的。

从以上的两种方法来看，两者虽然各自有着自己的优势，但都不能准确地计算出人民币境外的流通量。并且这两种方法计算的都是中国境外的所有流通量，并不能据此估算周边国家和地区的人民币流通量，因此，很多学者尝试对周边国家和地区进行单独分析。

首先，分析人民币在东南亚国家的流通。第一，越南。中国与越南边贸成交额中人民币结算已达90%以上。截至2010年年末，越南内的人民币存量规模达到55亿元。第二，缅甸。人民币在缅甸有"小美元"之称，人民币被当作硬通货使用，流通较广泛。第三，老挝。梁晶晶（2015）对人民币在东盟国家的流通情况进行了探析，发现每年都有上百亿的人民币在老挝境内流通。第四，柬埔寨。中国银行金边分行成为柬埔寨政府批准的跨境人民币清算银行，截至2015年上半年，金边分行共办理人民币清算业务346亿元，同比增长200%。第五，泰国。泰国是我国云南省第三大贸易伙伴。2011年泰国与云南全年跨境人民币结算量为1 907.68万元[①]。第六，新加坡。新加坡是人民币离岸金融中心，对人民币基本不加以限制[②]。此外，人民币在马来西亚、印度尼西亚和菲律宾等东南亚国家，都有一定的流通规模。

其次，分析人民币在东北亚国家的流通。第一，俄罗斯。2014年，中俄两国贸易额增长了6.8%，达到952.8亿美元。由于卢布是可兑换货币，俄罗斯在中俄贸易结算中主要以卢布结算。第二，蒙古。人民币在蒙古流通自由，可以与美元相媲美，并且可以在蒙古境内办理人民币贷款业务。第三，朝鲜。人民币在朝鲜境内已成为硬通货，人民币成为朝鲜贸易结算的首选币种（林晓林，2016）。朝鲜国内市场多以人民币进行结算，在朝鲜民间持有人民币数额巨大。

最后，分析中亚地区。据中国人民银行调查分析，哈萨克斯坦和吉尔吉斯斯坦等中亚国家人民币流通总量有12亿左右。

综上所述，人民币周边化已经引起了学术界较大的关注。但是很多问题的研究还处于初始阶段。具体表现为：第一，关于人民币周边化的研究比较零碎，没有呈现出系统化，本书试图把现有关于人民币周边化的研究融合在一

[①] 林非娇. 云南省对泰国跨境人民币结算现状浅析 [J]. 时代金融. 2012 (11)：153-154.
[②] 布仁吉日嘎拉. 人民币区域化问题研究 [D]. 北京：中央民族大学，2010.

起，对人民币周边化进行详细系统的研究。第二，在人民币周边化现状分析方面，学者们虽然给出了人民币在周边国家具体的流量与存量值，但大都通过调查等方法估算，精确度不高。本书在研究人民币周边化现状时，利用官方统计数据从贸易人民币结算、金融交易和货币互换以及周边区域内人民币锚地位的研究等四个方面来讲述。第三，本书不仅对人民币周边化的现状给予分析，同时还分析了促进人民币周边化的有利因素和人民币周边化过程中可能遇到的问题，并在此基础上为人民币周边化的进一步发展，提出一些政策建议。

1.3　研究方法及内容框架

本书主要采用文献资料法、理论与实证相结合、定量分析与定性分析相结合的研究方法，对人民币周边化进行系统研究，试图为人民币周边化的推进献出一份力量。本书充分利用学校图书馆以及互联网资源，查找大量文献，并对文献进行归纳和分类。本书的数据主要来源于《中国统计年鉴》，以及中国人民银行、世界银行、国际货币基金组织等发布的数据。本书主要运用最优货币区理论、货币替代理论、计价货币选择等理论。在实证方面，本书主要对人民币在周边区域内的货币锚进行检验。

本书包含七章：

第一章是绪论。主要阐明本书的选题背景及研究意义，综述国内外相关文献，并介绍本研究的框架、创新和不足。

第二章是人民币周边化的理论基础。本章主要从纯理论的角度阐述一些关键性的西方货币理论。欧元区作为最优货币区理论成功的典型代表，为货币国际化开辟了一个新的路径选择，即通过区域货币合作，利用集体的力量，推进一国货币的国际化。在货币国际化的过程中，必然会出现一种货币对另一种货币的替代，即货币替代；贸易结算货币是一国货币走向国际化在职能上第一阶段的转变，但在国际贸易中，结算货币是根据什么决定，即计价货币选择理论。

第三章是人民币周边化的动力机制。本章主要介绍人民币周边化的有利因素与优势。首先，中国强大的经济实力为人民币周边化的发展奠定了经济基础。本章主要从我国的经济总量及经济增长率、人民币币值的稳定和巨额的贸易顺差以及充足的外汇储备等三个方面加以考察我国综合的经济实力。其次，中国与周边国家在经济方面有比较大的联系。本章主要通过计算中国与周边国家和地区的贸易强度指数、中国对周边国家的投资额变化、周边自贸区建设等三个方面考察中国与周边经济体在贸易、投资等方面的联系。再次，人民币离岸市场的迅速发展为人民币流出国门提供了条件与支持。最后，考察了"一带一路"倡议的实施和亚洲基础设施投资银行的成立对人民币周边化的助推作用。

第四章是人民币周边化的现状分析。国际货币有三种职能，即计价、结算与储藏。本章通过跨境贸易人民币结算、金融交易、人民币的锚地位以及人民币在储备职能上的表现来探讨人民币周边化的情况。在人民币跨境贸易结算方面，重点考察了边境贸易的人民币计价和结算。在人民币在周边区域内的金融交易方面，考察了人民币对外直接投资、人民币债券的发行、人民币合格境外机构投资者以及人民币与外币的直接交易等情况。

第五章是人民币周边化的抑制因素。本章主要探讨人民币周边化过程中遇到的问题以及阻碍。

第六章是政策建议。本章主要是结合人民币周边化的现状以及影响因素，研究扩大人民币在周边国家和地区的流通范围和规模的条件，为实现人民币在周边区域内的国际化给出相应的政策建议。中国强大的经济实力是人民币周边化的经济基础，要推动人民币周边化的发展，应保持我国经济的快速发展，稳固并提高人民币在周边国家影响力，扩大人民币的流通规模；要实现人民币周边化，就要进一步加强中国与周边经济体的经济联系，扩大区域经济货币金融合作，实现共同发展。一国货币国际化离不开离岸市场的支撑，在推动人民币周边化过程中，要利用香港人民币离岸中心的功能，更要进一步推进和完善人民币离岸中心的建设。人民币在周边化进程中遇到的问题归根于我国金融市场的不健全，这就要求我国继续推进金融市场改革，逐步实现资本账户开放，以便实现人民币的可自由兑换。

第七章是结论与展望。对本书的研究内容和结果进行梳理，并对下一步可进行的研究进行展望。

1.4　创新与不足

本书可能的创新点主要有以下几点：

第一，研究对象的选取，本书以中国大陆周边26个国家和地区为研究对象，对人民币周边化进行研究。目前，主要从人民币国际化和区域化来研究人民币相关问题。"人民币周边化"这个词多是出现在人民币国际化路径选择方面的文献里，并在其中被一带而过，而没有对此进行详细的解释。对于人民币区域化方面的研究，大量文献的研究对象集中于东亚、东盟、两岸四地或中亚等区域中的一个或两个，而没有把中国周边所有的区域放在一起进行研究。本书在现有文献的基础上，结合其研究方法，扩大其研究范围，对人民币周边化进行系统研究：

第二，详细介绍了中国与周边经济体的贸易联系与投资往来；

第三，分析了人民币在周边区域内的金融交易，检验人民币在金融产品方面的计价和结算情况；

第四，检验人民币是否成为周边区域内的锚货币，为人民币周边化的现状提供实证分析；

第五，本书结合中国自身的优势、人民币周边化过程中遇到的问题等为人民币进一步走出国门实现国际化提供政策建议。

本书存在的不足：首先，论文研究的内容和深度存在局限性。本书主要致力于研究人民币周边化的现状和影响因素，但是人民币周边化研究包含很多方面的内容，不仅仅是本书所论述的方面。因此，在研究内容方面具有一定的局限性。同时，由于个人能力以及搜集到的数据有限，研究深度需进一步提高，需要以后不断补充和完善。其次，由于人民币周边化步伐刚刚加快，许多政策建议需要通过实践进行检验，所以对人民币周边化提出的具体政策建议分析有待进一步完善。

2 人民币周边化的基础理论分析

一国货币在国际化进程中，必然会在本币发行国之外的其他国家和地区执行部分或全部的货币职能，这就导致出现本币替代其他国家一部分货币的现象，即货币替代。但这种现象是怎么发生的，又有哪些因素可以影响货币替代的发生呢？从货币职能的角度来看货币国际化，一国货币只有先成为计价和交易货币，才能成为更高层次的投资和储备货币，所以，对于国际贸易中计价货币的选择至关重要。但计价货币是根据什么来选择的呢？根据第一章的文献综述可知，一国货币国际化的路径既可以选择英镑、美元式的直接国际化模式，也可以选择先实现区域货币一体化再实现国际化的欧元模式，那么，如何实现区域货币一体化呢？针对上述问题，本书选择货币替代理论、计价货币选择理论和区域货币合作理论作为本书的基础理论支撑。

2.1 货币替代理论

在历史的长河中，货币替代现象很早就出现了。16 世纪，在金银复本位制情况下，金和银在市场上同时流通，两者之间按照法定的价值比率可以互相兑换。金银本身是有价值的，并且他们的价值会发生变动。例如，如果银的开采成本突然减低了，银的价值就会变低，这时金银之间的兑换率仍然不变的话，人们就会用银去兑换金，并把价值相对高的金币储藏起来，结果导致市场上流通只剩下银币，这就是所谓的"劣币驱逐良币法则"。但是，在现在的信用货币国际体系下，出现了相反的现象，即信用好的货币即"良币"将会取代信用差的货币即"劣币"，这就是本书所要阐述的货币替代理论。

2.1.1 货币替代的含义

1969 年，美国经济学家卡鲁潘·切提发表的《关于对近代货币的衡量》

一文中提出了"货币替代"，这是货币替代一词第一次出现。所谓的货币替代是指在开放经济和货币可兑换前提下，外币在职能上部分或全部替代本币。货币替代有狭义和广义之分，狭义的货币替代是指不生息的本外币之间的替代；广义的货币替代还包括生息的本外币之间的替代。货币替代包括正向替代和反向替代，即以 A 国为例，A 国的货币随着 A 国经济的强大会替代其他国家的货币，这对 A 国而言，就是正向替代，如果 A 国货币被其他国家的货币替代，对 A 国而言就是反向替代。一般来说，在一个开放国家的经济系统内，正向替代和反向替代都会存在，并且这两种现象会对本国产生不同的影响。麦金农认为货币替代包括直接替代和间接替代两种。其中，直接替代是指在同一经济区域内，存在两种或多种都可作为支付手段的货币，并且这些货币之间可以无成本的自由兑换，在进行商品交易支付时，这两种或多种货币之间会出现竞争的现象。间接货币替代指经济主体持有不同的非货币类金融资产，资产持有者会为了规避风险实现盈利最大化或其他原因对手里的多币种金融资产重新组合分配持有量，持有量的变化导致本国和外国货币需求的变化，从而间接引起货币替代的发生。

2.1.2 典型的货币替代理论模型

20 世纪 70 年代，自卡鲁潘·切提最早提出"货币替代"的概念之后，西方经济学家使用不同的方法研究货币替代，先后出现了具有代表性的马可·迈尔斯（1978）的"货币服务的生产函数理论"、戴维·金（1978）的"货币需求的资产组合理论"、麦克·波尔多和伊森·乔瑞（1982）的"货币需求的边际效用函数"和施蒂芬·波罗兹（1986）的"货币的预防需求理论"等理论研究。

2.1.2.1 货币服务的生产函数理论

迈尔斯 1978 年在《货币替代、浮动汇率和货币独立性》一文中提出，货币的服务性功能是人们持有货币的动因。因此，对于资产持有人而言，他所追求的就是取得最大化的货币服务功能。在追求最大化的货币服务功能过程中，货币持有人在其相应的资产约束下，会根据本外币的收益、成本变化调整手中所持有的本外币数量，进而产生货币替代。

货币服务函数的具体形式是：

$$\log(M/EM^*) = 1/(1+\rho)\log(\alpha/\alpha^*) + 1/(1+\rho)\log[(1+i^*)/(1+i)]$$

$$(2.1)$$

其中，M 和 M^* 分别是本外币的名义持有量，E 是直接标价法的名义汇率，

α、α^* 和 i、i^* 分别表示持有本外币的相对收益和机会成本。从 2.1 式可知，当 $\log(M/EM^*)$ 比值变小时，相对于外币持有量而言，本币持有量下降，因此产生外币替代本币现象。当 α 小于 α^* 时，即持有本币的相对收益较低时，人们会选择持有具有能提供较高的货币服务权重的货币，即人们会增持外币，在相应的资产约束条件下，人们将会减持本币，从而导致外币对本币的替代。当 i^* 降低时，即外币利率下降，持有外币的机会成本就会降低，此时，人们同样会选择增持外币减持本币，进而导致外币替代本币。

2.1.2.2 货币需求的资产组合理论

20 世纪 80 年代初，以戴维·金为代表人物的学者们提出了货币需求的资产组合理论。他们认为，货币是一种资产，为了保护资产价值，居民会动态调整持有的本外币比例，导致出现货币替代现象。该理论进一步考虑了收入、持币的机会成本、风险因素，认为货币替代现象是在资本完全流动状态下的资产最优组合问题。建立在该理论基础上的货币需求函数为：

$$M/P = Ff(y, i, \mu) \tag{2.2}$$

其中，2.2 式中，M 表示本国货币余额，P 代表国内价格，y 表示本国居民的永久性收入，i 表示利率，μ 是随机扰动因素，表示持币的各种风险因素，函数 $f(y, i, \mu)$ 代表本国居民对货币服务的需求函数，而 F 是本币所能提供的货币服务的比率。F 值的决定因素就成为该理论货币需求函数的核心内容之一。因为，确定 F 值就可以知道本外币余额在整个资产组合中的相对比例，继而可以确定该国的货币替代程度。

2.1.2.3 货币需求的边际效用函数

1982 年，美国学者麦克·波尔多和伊森·乔瑞提出了货币需求的边际效用函数。这是在货币的生产函数理论基础进行改进提出的一个新理论。该理论认为，除了拥有货币的服务性功能，人们持有货币的目的更多的为了货币可以用来交易和支付。即货币边际效用函数理论认为人们对货币的需求源自人们的交易动机。基于消费者持币效用最大化的假设，他们修正了马可·迈尔斯的货币需求函数模型，提出了新的货币需求函数为：

$$\log M = \alpha_1 + \alpha_2 \log y + \alpha_3 i + \alpha_4 i^* \tag{2.3}$$

$$\log EM^* = \beta_1 + \beta_2 \log y + \beta_3 i + \beta_4 i^* \tag{2.4}$$

将公式 2.3 与公式 2.4 相减，可以得到：

$$\log(M/EM^*) = \rho_1 + \rho_2 \log y + \rho_3 i + \rho_4(i^* - i) \tag{2.5}$$

其中，$\rho_1 = \alpha_1 - \beta_1$，$\rho_2 = \alpha_2 - \beta_2$，$\rho_3 = \alpha_3 - \beta_3 + \alpha_4 - \beta_4$，$\rho_4 = \alpha_4 - \beta_4$

从公式 2.5 中可以看出，麦克·波尔多和伊森·乔瑞认为国民收入、本国的利率水平，以及外国和本国的利率差等因素都可以影响本外币之间的替代。

2.1.3　货币替代理论的影响因素

如果人们持有多币种的货币资产，并且不同币种之间可以自由兑换，那么根据以上介绍的几种货币替代理论可知，当利率、汇率、通胀率、预期收益率等因素发生变动时，人们为了盈利最大化，会随时调整持有的多币种资产结构，进而导致货币替代的发生。相关的因素主要有：

（1）宏观经济因素

首先，利率是持有一国货币的机会成本，机会成本较低的货币更受人们青睐。相对于本币利率来说，外币利率较低的时候意味着持有外币的机会成本低，因此，本国居民更愿意持有更多外币。其次，汇率也是影响货币替代的一个重要因素，当外币升值时，人们出于保护自身资产价值的稳定，会选择持有更多外币，进而会发生货币替代。通货膨胀率会影响居民对货币的信心，当本国通胀率一直持高不下时，人们会对其失去信心，选择持有更多的外币，进而引起货币替代。

（2）规模因素

规模因素主要是指衡量一国总体经济因素的指标，例如 GNP、对外贸易额等。在边际进出口倾向稳定的前提下，一国国民收入水平越高，居民的消费能力越强，居民对国内外产品的需求就会越多，引起国际贸易量的增大，在此过程中，会引起本国和外国之间货币的替代。国民财富总量主要从资产组成结构方面影响货币替代。居民拥有的财富总量越大，持有的货币资产币种越多，这样货币替代的频率会越大。

（3）制度因素

制度因素主要包含可以引起交易成本差异的经济体制、汇率制度等。以汇率制度为例，在固定汇率制度下，货币当局为了维持本国汇率的稳定，就会动用外汇储备，这样就会遭受到其他经济体高通货膨胀的冲击，导致大规模的货币替代。同时，在浮动汇率制度下，持有多币种资产的居民为了实现自身利益的最大化，会根据各个币种汇率的变化而频繁调整各种货币资产的持有量，进而引起货币替代。

（4）收益率与风险因素

居民持有多元币种资产是为了盈利，在进行多币种资产组合时，会增持收益率高的货币，减持收益率低的货币。同样，当一国政局动荡、本币汇率频繁波动和经济发展萎靡不振时，本国居民对本币的信心下降时，为了规避风险，资产持有者就会增持外币，降低本币的持有量，进而发生货币替代。

2.2 计价货币选择理论

在国际贸易中，由于一国货币国际化的基础就是其先成为国际贸易中的计价结算货币，所以"选择哪种货币作为标价和结算货币"一直是人们在研究和实践中关注的焦点。关于计价货币的选择，国内外学者们从不同的角度总结出了相关的货币选择理论。

2.2.1 格拉斯曼法则

瑞典经济学家格拉斯曼（Grassman）通过观察瑞典等国国际贸易中使用的计价货币，发现发生在工业国之间的商品贸易，计价结算货币大多选择出口国家的货币。而进口国货币计价、第三国货币计价占很小的一个比重。格拉斯曼通过对瑞典1968年进出口数据的分析，发现瑞典66%的出口都是以瑞典克朗计价，出口以美元计价的只占12%，而只有26%的进口以克朗计价。因此，在国际贸易中，交易双方一般倾向于选择出口企业的国家货币作为交易媒介和计价单位，这就是著名的格拉斯曼法则。关于格拉斯曼法则，贝尔森（Bilson）[1] 在1983年通过建立双边贸易模型试图对其做出理论解释，发现由于出口国家的货币在无形中对出口商品进行了套期保值，进出口商同意使用出口国货币结算。

但随着世界经济的发展，国际贸易发生范围不断扩大，发生在发展中国家和发达国家之间、发展中国家之间的贸易量迅速增加。此时，格拉斯曼法则受到了挑战，在发展中国家与发达国家贸易中，无论是出口还是进口，计价货币一般都是采用发达国家的货币；而发生在发展中国家之间的贸易，计价货币既不会选择出口国家的货币也不会选择进口国家的货币，大多会选择第三方国家货币来进行结算。鉴于此种现象，Tavlas 和 Ozeki（1992）总结了两条规律：第一，出口国的货币经常用来标价发达国家之间工业制成品的贸易；第二，发达国家的货币经常用来标价发展中国家与发达国家之间的贸易，而发展中国家之间的贸易则选择第三方国家的货币。

---

① BILSON, J F O. The Choice of An Invoice Currency in International Transactions, Bhandari, J., Putnam, B., eds. Interdependence and Flexible Exchange Rates [M]. Cambridge：MIT Press, 1983.

2.2.2 一些相关研究

Bilson（1983）建立了一种出口商和进口商计价货币选择方面的"双边讨价还价"模型，主要研究进出口双方为什么要选择出口方国家的货币作为计价货币。根据 Hartmann（1996）的研究，两个因素决定了贸易中计价货币的选择——交易成本和可接受性。外汇市场上成本越低的货币越有可能成为贸易中的计价货币。另外，一种货币在交易中的接受度越高，越可能作为贸易计价货币。低交易成本和高可接受度是相互支撑的关系，一种货币的可接受度越高，交易成本就越低；交易成本越低，可接受性则越高①。

Bacchetta 和 Wincoop（2002）运用局部均衡分析的方法研究了在垄断竞争和寡头竞争环境下厂商对计价货币的选择问题，比较了不同的计价货币对厂商利润的影响，随后又将局部均衡模型扩展成一个两国的一般均衡模型，并分析了在刚性实际工资、刚性名义工资、随机实际工资等情况下厂商贸易计价货币的选择问题。他们的研究结果表明，当存在第三方国家货币可以作为计价货币时，计价货币一般在本国货币和第三方国家货币之间进行选择，哪种货币的汇率波动小，就选该货币作为计价货币。Fukuda 和 Ono（2004）对 Bacchetta 和 Wincoop 的局部均衡模型进行扩展，研究发展中国家贸易的计价货币选择问题，发现在发展中国家，产品差异度小，出口厂商会随着竞争者使用第三国货币作为计价货币也选择使用第三方货币，当双方合作失败时，第三国货币会成为均衡计价货币。②

2.3 区域货币合作理论

随着国际经济贸易的迅速发展，货币问题日益成为人们关注的对象。国际区域货币合作理论既来自实践的需要又经历着实践的检验，发展至今已历时四个世纪有余。

---

① HARTMANN. The Future of the Euro as an International Currency：A Transactions Perspective [R]. London School of Economics Financial Markets Group Special Papers，1996.

② SHINICHI F S, ONO M. The Choice of Invoice Currency under Uncertainty：Theory and Evidence from Korea [R]. CIRJE Discussion Paper，2004.

2.3.1 国际区域货币合作理论的产生

16世纪，商品经济日渐扩大，由于地区之间货币不统一，限制了商品生产和交换的进一步扩大。人们在经济交往中渴望统一货币的愿望促使了早期国际区域货币合作思想的产生。后来随着商品经济的加速发展，货币兑换的不稳定和国际储备的矛盾性不断显现，理论界对此的认识也逐步深入。

首先，早期的共同货币思想。伴随着资本主义工业革命后国际分工的发展和国际贸易的广泛进行，克服贸易交往货币兑换等带来的不便，寻找不同国家所普遍接受的支付和结算手段，开始成为经济学家和各国政要们关注的问题。从19世纪到20世纪上半叶，国际上寻求货币协调合作乃至共同货币的探索，产生了诸如马克思等许多具有影响力的货币思想。根据马克思的观点，在货币的五项职能中，世界货币是货币具有的国际职能，在国际商品流通中充当一般等价物。

其次，凯恩斯的国际货币协调思想。凯恩斯是20世纪共同货币理论的重要奠基人。其共同货币理论主要反映在其提出的《关于国际清算联盟的建议》。该建议的核心是建立一个超国籍的中央银行"国际清算联盟"，推出国际货币——班柯，并以此为中心形成货币联盟。凯恩斯的主见对当时乃至于当代重大的国际货币合作和货币改革都起到了非常重要的影响作用。

此后，Meade（1951）、Cooper（1968）等先后对货币政策国际协调进行了研究。前者认为，国家之间在宏观经济政策上的冲突问题是无法避免的，需要各国协调政策加以解决[1]。后者则进一步从理论上指出国际间进行政策协调的必要性，并认为一国的货币政策具有溢出效应（Spill-over Effect），即除了会影响本国经济运行，也会影响到其他国家[2]。因此在开放经济条件下，各国若是期望得到较为理想的实施效果，在制定货币政策时不得不考虑国际间的协调。

布雷顿森林体系崩溃后，Obstfeld 和 Rogoff（2000，2002），Corsetti 和 Pesenti（2001，2005）等基于 Hamada（1974，1979）、Canzoneri 和 Gray（1985）等学者建立的第一代描述国际货币政策协调的博弈模型的基础，在新开放经济的宏观经济学理论框架下提出了新一代的政策协调模型。他们虽然认可进行国际货币政

---

① MEADE J E. The Theory of International Economic Policy [M]. London：Oxford University Press，1951.

② COOPER R. The Economics of Interdependence [M]. New York：McGraw-Hill，1968.

策协调可能会增进社会福利，但却指出这种福利增加在数量上是很有限的①。

2.3.2 最优货币区理论

在长期的历史演进过程中，不同的国际区域根据它们各自的情况和特征，形成了多种不同的货币合作模式，大致可以分为强制型货币合作模式和协议型货币合作模式两大类。单一货币联盟作为协议型货币合作模式的一种模式，主要是指区域内成员国从法律上承诺放弃本国主权货币的发行，而由联盟内各国公认的超国家机构在区域内发行使用单一货币，并实行统一的货币政策的货币合作形式。最优货币区理论被认为是该模式最重要的理论基础，最早由蒙代尔和麦金农于1960年代提出。欧元区的建立是最优货币区理论的最佳实践。欧洲货币一体化由最初的欧洲支付同盟，欧洲货币协定，欧洲货币体系以及共同市场的建立，到货币联盟直至最终形成共同货币区，是各成员国相互协调合作的产物。在这个艰难的过程中，各成员国的贸易往来增多，交易成本降低，要素广泛流动、产品和服务充分流通。

最优货币区（Optimal Currency Areas，简称OCA）这一概念是美国经济学家罗伯特·蒙代尔（Robert Mundell）1961年在其论文中提出的，是指存在一个最优区域分界，在区域内维持固定汇率，而对区域外的国家保持浮动汇率。随后麦金农、凯南、英格拉姆、哈伯勒和弗莱明等经济学家分别对此理论进行修正、补充和完善，阐明了组成最优货币区应具备的条件。早期的OCA理论内容多集中于最优货币区标准以及组建最优货币区能带来哪些成本和收益。20世纪90年代以来，一些学者试图将最优货币区的标准和可能带来的成本与收益融合起来探讨，即建立一般均衡模型，Frankel和Rose（1998）提出了OCA理论的"内生性假定"。

2.3.2.1 早期的最优货币区理论

早期OCA理论研究主要集中在哪些因素会影响一个国家汇率制度的选择，以及哪些条件可以使固定的汇率制度成为合理的汇率制度选择。蒙代尔、英格拉姆、麦金农和凯南等人从要素的流动性、经济的开放性以及贸易的多元性等几个方面探讨最优货币区的标准。随后，学者们又从影响加入最优货币区的成本收益方面的因素着手，进一步拓展了最优货币区理论的内容。

最优货币区的标准，是指成为最优货币区的合作成员国需要具备的条件。

---

① 习节文. 国际货币政策协调：实践进展及中国的选择 [J]. 上海立信会计学院学报，2006（4）：66-71.

早期的条件主要包括：

（1）要素流动性

罗伯特·蒙代尔指出，需求转移会导致国际收支失衡，而这种失衡可以通过两个国家的汇率调整或生产要素在两国间的流动来调节。如果国家间存在很高的劳动力流动性，则可以通过劳动力在不同国家间的转移来代替汇率调整以实现国际收支平衡。英格拉姆认为在减少成本的同时，也能实现国家间供需的调节，进而恢复国际收支平衡，这同样可以降低汇率调整的必要性。

（2）经济开放度

麦金农把经济中的社会产品分为可以贸易的和不可以贸易的两大类。其中可贸易产品占社会总产品的比重就是该国的贸易开放度。麦金农指出，贸易开放度越大的国家通过汇率调整改变其经济竞争力的效果越小，这是因为国内价格的变动削弱了汇率调整的功效；则开放度越高的国家越适宜固定汇率制度。

（3）产品多样性标准

凯南（Peter Kenen）认为，国际收支失衡主要是由宏观经济需求失调引起的。一个产品相当多样化的国家，其国内的产品出口种类必然也是多种多样的。当世界对其某种产品的需求下降时，相比产品多样化低的国家，该国在固定汇率制度下受到的冲击将会小很多。因为产品多样化越高的国家，其中的一种出口产品在整体出口中所占的比例就越低，该国对该出口产品的需求降低就不会对国内的经济产生太大的影响。反之，若是一国的出口产品种类很少，那世界对其中一种产品的需求降低时，将会严重影响其国内的经济，导致大量的失业。因此，高程度出口产品多样性能够对外部冲击产生平均化效果，即对不同出口商品的不同冲击会相互抵消从而使出口收益相对稳定，也就是说产品多样化程度很高的国家不需要经常调整汇率来维持国际收支平衡，其可以承受固定汇率带来的后果，因此，产品多样化程度高的国家适宜组成最优货币区。

（4）通货膨胀相似程度标准

哈伯勒（1970）和弗莱明（1971）认为可以用通货膨胀相似程度来确定最优通货区。他们认为，在通货膨胀率趋势一致的区域更容易形成最优货币区。

（5）金融一体化

1973年，詹姆斯·英格拉姆提出以金融的高度一体化作为最优货币区的一个标准。他认为在国际金融市场高度一体化的区域内，一国国际收支失衡，即使微小的利率变化也会导致资本大规模移动，进而使国际收支恢复平衡，避免汇率较大波动。

2.3.2.2　最优货币区理论的新发展

20世纪90年代以来，欧洲经济货币联盟的发展使最优货币区理论和实证研究得以发展。在过去的15～20年里，所有的最优货币区属性都被详细地检验。这一时期的理论研究主要朝两个方面发展：一是最优货币区理论的模型化；二是对最优货币区标准的评估。

（1）最优货币区理论的模型化

里斯（1997），贝恩和多克奎尔（1998）等用一般均衡模型对早期OCA思想进行分析，在面临对称性冲击时不同经济体在不同的汇率制度下会有什么样的调节作用。

里斯在1997年提出了一个具有名义刚性的简单两国贸易模型。他以2×2×1为框架，即两个国家、两种商品和一种生产要素，建立了一个一般均衡模型，分别对劳动力流动、财政调节、开放度、国家间的通胀偏好差异、交易成本、真实冲击的相关性和货币冲击的相关性等众多经济因素进行了探讨。其结果显示：货币冲击和商品需求冲击会对货币联盟内的国家名义收入产生负影响，增加失业和通胀率。但是劳动力的自由流动和统一的财政政策能抵消一部分冲击带来的负效应。一国的通胀率与货币联盟的差异越大，该国加入货币联盟取得的收益就越大；一国开放度越高，加入货币联盟的收益就越大。[1]

与里斯的静态分析不同，贝恩和多克奎尔（1998）引入时间因素，提出了一个动态化模型。他们的模型是建立在以下假设基础上的：完全竞争、迟钝的向下工资调整、各国商品分为贸易和非贸易商品、劳动力是唯一的生产要素、不存在金融市场。这个动态模型得到的结论与里希得到的基本上一致。[2]

（2）对最优货币区的评估

除了建立理论模型外，学者们试图运用大量历史数据对最优货币区理论进行评估和实证分析。主要包括测定地区间实物冲击、经济周期、货币政策的传递机制和经济结构的不对称的程度，分析OCA标准的内生性、货币联盟与政治联盟的关系、汇率工具的效应、货币联盟理论中货币联盟的构成方式以及货币联盟内最优币种数目等问题。

首先，对称性冲击标准及不对称的测定。蒙代尔在对OCA进行原创性论述时，外部冲击主要集中在单一产品需求变化的冲击。随着经济呈现出多样化、区域化等特征，使外部冲击出现了对称性、非对称性冲击的差别。如果最

---

①　RICCI L A. A Model of an Optimum Currency Area [R]. IMF Working Paper, 1997.

②　BAYOUMI T, EICHENGREEN B. Exchange Rate Voliatility and Intervention：Implications of the Theory of Optimal Currency Areas [J]. Journal of International Economics，1998（45）：191-209.

优货币区成员国汇率波动同步性强，则发生非对称冲击的可能性就较小。应付非对称冲击的对策主要是价格变化，而不是产量（GDP）变化。实证研究的结果表明，在欧盟主要国家中，由于德国、法国、比利时、荷兰、卢森堡、奥地利、丹麦的国内生产总值和真实汇率的变动高度趋同，因此，发生非对称冲击可能性相对较少。而葡萄牙、希腊、西班牙、意大利、英国、爱尔兰、瑞典和芬兰受到非对称冲击的可能性则较大①。

其次，OCA 标准的内生性及检验。在早期的 OCA 的相关文献中，一般将各种各样的经济条件和衡量标准视为外生的，但是，弗兰克尔和罗斯（1998）从国家间的贸易与商业周期相关性出发，研究最优货币区标准的内生性问题。他们通过对 20 个工业化国家近 30 年的历史数据的分析，发现国家之间的贸易程度与它们的收入水平及经济周期的相关性之间是内生的，即双边贸易关系越密切的国家在经济周期和收入之间存在较大的正向关系。放弃不同的国家货币，货币联盟会促进贸易快速增长，贸易的增长将促使商业周期同步发展。一国即使在加入货币联盟前这些指标达不到标准的要求，但该国进入货币联盟后，这种内生性会逐渐消除差距，使这些指标达到标准甚至超出②。因此，OCA 理论中涉及有关货币同盟形成的"事前"条件，在一定程度上，可以在货币同盟形成后得到"事后"满足。弗兰克尔（1999）为此进行了解释。他假定欧洲的一些国家最初低于 OCA 标准。当这些国家联合起来结成欧盟（EU）后，各国之间的贸易一体化与收入相关性都会得以提高。如果进一步组成欧洲货币联盟，那么，这些国家之间贸易一体化、收入相关性水平都会进一步提高，这最终将促使欧洲货币联盟成为 OCA③。

再次，政治因素与货币联盟。货币是一国主权的象征，不同的国家和地区的货币重组必须有相当的政治意愿，否则难以实现。Bordo 和 Jonung（1999）对拉丁美洲联盟等历史上多个多国货币联盟的失败和美国联邦制成功的原因进入了深入的探讨，得出结论认为，政治统一是建立联盟和维持联盟稳定发展的关键。他们进一步指出，政治因素将是决定欧洲货币联盟未来的主要力量，只要欧洲货币联盟实现了政治统一，那么目前欧洲货币联盟所存在的"经济"

① DE GRAUWE P, VANHAVERBEKE W. Is Europe an Optimum Currency Area: Evideace [R]. CEPR Discussion Paper, 1991.

② FRANKEL J, ANDREW R. The Endogeneity of Optimum Currency Area Criteria [J]. The Economic Journal, 1998, 108: 1009-1025.

③ FRANKEL J. No single currency regime is right fir all counties or at all times [R]. NBER Working Paper, 1999.

上的或是构建上的不足都极有可能迎刃而解①。货币联盟所面临的政治问题，既是挑战，同时也是一种机遇，它可以成为政府之间合作而推动政治联盟动力的起点。

最后，汇率制度选择与 OCA 标准。汇率制度的选择一直是人们热衷探讨的话题。经过几十年的争论，经济学家们已形成了较为一致的看法：无论是固定汇率、浮动汇率或是中间汇率制度，都是市场条件下的次优选择，它们的有效运作都需要特定的条件。Frankel（1999）进一步指出，没有一种单一的汇率选择能适合所有的国家，也没有一种汇率能在任何时期满足一个国家发展的需要。汇率的选择应随国别和时间的变化而改变。但是，在一般情况下，人们还是认为大国更适合采用其国家货币，并实行浮动汇率；而小国特别是开放型的小国则可以实行固定汇率或组成货币联盟使用单一货币②。

---

① BORDO M D, JONUNG L. the Future of ENU：What Does the History of Money Unions tell us? [J]. NBER Working Paper, 1999.

② FRANKEL, JEFFREY. No single currency regime is right fir all counties or at all times［R］. NBER Working Paper, 1999.

3 人民币周边化的动力机制

3.1 中国强大的经济实力

3.1.1 中国经济快速增长

国内生产总值可以衡量一国的总体经济实力，也反映了一国的国力和财富。改革开放以来，中国经济持续快速增长，为人民币的周边化提供了坚实的经济基础。图 3.1 显示了中国 1996—2014 年的国内生产总值及增长速度的情况，从中可以看出，中国的国内生产总值是逐年增加的，增长速度平均保持在 13％左右。2009 年，我国超越日本成为世界第二大经济体，自此以后，中国的国内生产总值稳居世界第二位。2015 年，据国家统计局统计，全年国内生产总值 676 708 亿元，比上年增长 6.9％。

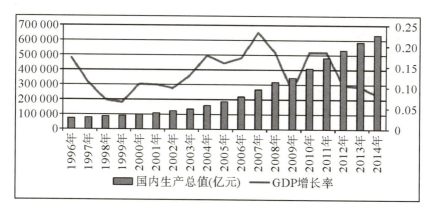

图 3.1 中国的国内生产总值及增长率

资料来源：中国国家统计局。

中国经济不但规模增长速度快，而且增长速度还很稳定。本书参考麦金农和施纳布尔（2003）研究中国发挥地区稳定器作用的方法，计算经济体的年产出增长率变化，若是变化率变动越小，表示该经济体也越稳定。表3.1 比较了中国及其周边国家和地区的 GDP 年增长率的变动系数，从中可以看出，中国的 GDP 增长率的变动系数很小，仅为 0.2，只比老挝、越南和印度尼西亚稍微高一点，比其他经济体要低很多。其中，日本的变动系数为 2.59，是 GDP 增长率变化最大的一个国家，这说明日本虽然作为一个经济大国，但是其经济发展势头不稳定、波动大，很难维护亚洲区域内的稳定。因此，中国经济的持续发展经济表明，中国不断增强的经济实力和稳定的增长态势为其充当周边区域的稳定器提供了保障。

表 3.1　　2010—2014 年中国及周边国家和地区的 GDP 增长率变化

国家/地区	平均值	标准差	变动系数
文莱	1.1	2.31	2.04
不丹	7.7	3.66	0.48
中国	9.7	1.91	0.20
中国香港	4.1	3.19	0.78
印度	7.0	2.25	0.32
日本	0.9	2.25	2.59
哈萨克斯坦	7.7	3.23	0.42
吉尔吉斯斯坦	4.5	3.61	0.80
柬埔寨	7.9	2.92	0.37
韩国	4.4	2.11	0.48
老挝	7.3	1.04	0.14
中国澳门	11.2	8.60	0.77
缅甸	10.9	2.61	0.24
蒙古	7.7	4.65	0.60
马来西亚	5.1	2.54	0.50
尼泊尔	4.2	1.45	0.35
巴基斯坦	4.1	1.90	0.46
菲律宾	5.0	1.79	0.35
俄罗斯	4.6	4.29	0.93

表3.1(续)

国家/地区	平均值	标准差	变动系数
新加坡	5.7	4.30	0.76
泰国	4.2	2.61	0.63
塔吉克斯坦	8.0	1.93	0.24
越南	6.4	0.75	0.12
阿富汗	8.1	6.12	0.76
印度尼西亚	5.3	0.77	0.15
中国台湾	3.8	3.20	0.83

资料来源：世界银行，其中台湾数据来自《2015年亚洲发展展望》。

3.1.2 人民币币值稳定

币值稳定是一种货币完成交易和投资两大职能的首要条件。就像尺子刻度不标准就不能用来测量一样，货币币值不稳定就不能充当交易媒介。倘若人民币币值不稳定，频繁升值或贬值，大家都不愿意持有人民币，更不要说把人民币作为计价和结算手段了。

货币价值的稳定直接影响到一国货币在国际社会上的信誉和持币人的信心。货币价值的稳定，有对内和对外之分，对内即是购买力的稳定，可以通过通胀率来衡量。对外即是汇率的稳定，从表3.2中国及周边国家和地区的通货膨胀数据来看，相对于其他国家和地区，中国的通货膨胀率一直保持在一个较低的水平。2005—2014年，中国的平均通货膨胀率为2.92，仅高于文莱、日本、马来西亚、韩国和新加坡。从通货膨胀率的波动程度来看，中国的标准差为2.00，其稳定性仅次于文莱、日本、马来西亚和韩国。因此，相对于大部分中国周边国家和地区，在这一期间，中国的通货膨胀率较为稳定地保持在一个温和的水平上。

表3.2　　　2005—2014 **中国及周边经济体的通货膨胀率**

国家（地区）	2005年	2006年	2007年	2008年	2009年	2010年	2011年	2012年	2013年	2014年
阿富汗	12.69	7.25	8.48	30.55	-8.28	0.89	10.20	7.22	7.65	4.60
文莱	1.24	0.16	0.97	2.08	1.04	0.36	2.02	0:46	0.38	-0.19
不丹	5.31	5.00	5.16	8.33	4.36	7.04	8.85	10.92	7.01	8.21

表3.2(续)

国家 (地区)	2005 年	2006 年	2007 年	2008 年	2009 年	2010 年	2011 年	2012 年	2013 年	2014 年
中国	1.82	1.46	4.75	5.86	-0.70	3.31	5.41	2.62	2.63	2.00
中国香港	0.90	2.11	1.96	4.26	0.61	2.34	5.26	4.06	4.35	4.43
印度	4.25	6.15	6.37	8.35	10.88	11.99	8.86	9.31	10.91	6.35
日本	-0.27	0.24	0.06	1.37	-1.35	-0.72	-0.28	-0.03	0.36	2.75
哈萨克斯坦	7.58	8.59	10.77	17.15	7.31	7.12	8.35	5.11	5.84	6.72
吉尔吉斯 斯坦	4.35	5.56	10.18	24.52	6.90	7.97	16.50	2.69	6.61	7.53
柬埔寨	6.35	6.14	7.67	25.00	-0.66	4.00	5.48	2.93	2.94	3.86
韩国	2.75	2.24	2.53	4.67	2.76	2.96	4.00	2.19	1.31	1.27
老挝	7.17	6.80	4.52	7.63	0.04	5.98	7.58	4.26	6.36	4.14
中国澳门	4.39	5.16	5.57	8.60	1.18	2.81	5.80	6.11	5.51	6.04
缅甸	9.37	20.00	35.02	26.80	1.47	7.72	5.02	1.47	5.52	5.47
蒙古	12.72	5.10	9.05	25.06	6.28	10.15	9.48	14.98	8.60	13.02
马来西亚	2.96	3.61	2.03	5.44	0.58	1.71	3.20	1.66	2.11	3.14
尼泊尔	6.84	6.92	5.75	9.88	11.08	9.32	9.27	9.45	9.04	8.37
巴基斯坦	9.06	7.92	7.60	20.29	13.65	13.88	11.92	9.69	7.69	7.19
菲律宾	6.52	5.49	2.90	8.26	4.22	3.79	4.65	3.17	3.00	4.10
俄罗斯	12.68	9.69	8.99	14.11	11.67	6.84	8.43	5.08	6.78	7.81
新加坡	0.43	1.02	2.10	6.52	0.60	2.80	5.25	4.53	2.38	1.01
泰国	4.54	4.64	2.24	5.47	-0.85	3.27	3.81	3.02	2.18	1.89
塔吉克斯坦	7.09	10.01	13.15	20.47	6.45	6.42	12.43	5.83	5.01	6.10
越南	8.28	7.39	8.30	23.12	7.05	8.86	18.68	9.09	6.59	4.09

数据来源：世界银行。

2007 年，我国的通货膨胀率急剧上升，并在 2008 年进一步增大。这轮通货膨胀主要有两个方面的原因：一是巨额的贸易顺差。2007 年，我国进出口贸易总额达 21 765.7 亿美元，达到历史新高，全年累计贸易顺差为 2 643.44 亿美元。2008 年的进出口贸易额又创新高，贸易顺差达到 2 981.23 亿美元。巨额的贸易顺差带来了外汇占款的膨胀，外汇占款的增加必然紧跟着国内基础货币量的增长，造成货币供应量大幅度上升。2007 年全年，我国狭义货币供应量 M1 余额 15.3 万亿元，同比增长 21%，增速比上年高 3.5 个百分点。二是通胀压力上升成为全球性现象。食品价格的上涨是导致国内消费价格指数攀升的主要动力和原因。2007 年食品价格上涨 12.3%，拉动 CPI 上涨 4 个百分点，对 CPI 上涨的贡献率达到 83%；2008 年食品价格上涨 114.3%，比上年提高了 2 个百分点。

2010—2011 年，我国又形成了新一轮的通货膨胀。这次通胀的一个主要原因是货币超发严重。2010 年，我国货币供应量多达 26.7 万亿元，同比增长了 21%。此外，农产品价格居高不下、国际能源价格的提高也在一定程度上影响了本轮的通货膨胀。

改革开放以来，随着我国金融体制的改革，人民币汇率制度也随之发生变革，人民币汇率保持稳中有升的可喜局面。从图 3.2 和图 3.3 可以看出，不管是人民币实际汇率还是名义汇率，其发展趋势都是稳中有升，波动较小。与人民币相比，同期的日元汇率波动比较剧烈，这一变化趋势在日元的实际有效汇率上体现得更为明显，在短时间内出现了大幅度的升降。例如，在 2005 年 1 月至 2007 年 7 月，日元的名义汇率从 90.58 下降到 72.58，贬值幅度达 24.8%，又在不到两年的时间里迅速升值了 39.7%。美元的汇率波动相对也比较平稳。从 1994 年至 2002 年 2 月，美元的名义有效汇率与实际有效汇率都是呈现出了比较平稳的上升态势。2002—2008 年，美元汇率一直呈现贬值趋势。自 2011 年 7 月，随着世界经济的复苏，美元又开始升值，截止到 2016 年 1 月，美元的名义汇率上升到 122.59，比 2011 年的 7 月升值了 31.79%。

人民币汇率稳中有升的变动趋势保证了人民币币值的稳定。这对我国金融、经济的稳定发展有着重要的意义。

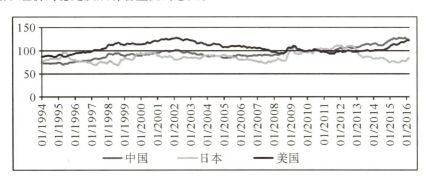

图 3.2　名义汇率的变动情况

资料来源：根据国际清算银行网站公布资料计算整理。

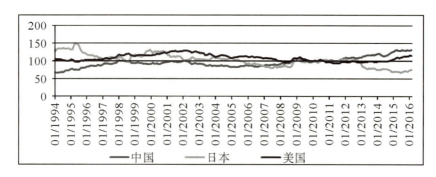

图 3.3　实际汇率的变动情况

资料来源：根据国际清算银行网站公布资料计算整理。

3.1.3　巨额的贸易顺差和充足的外汇储备

一国巨额的贸易顺差将推动本币在国际市场上的流通。表 3.3 列出了世界主要国家的进出口贸易额占世界总贸易额的比重。从表 3.3 可以看出，中国的进出口额占世界总贸易额的比重逐年增加，从 1990 年的 2% 增加到 2014 年的 10.76%。与此相反的则是，世界上其他主要发达国家的进出口额占世界总贸易额的比重呈下降趋势，美国从 1990 年的 13.07% 下降到 2014 年的 10.22%，日本从 1990 年的 7.51% 下降到 2014 年的 4.02%，等等。根据货币基金组织统计，2014 年，中国的进出口贸易额达 40 436.02 亿美元，比 1990 年的 1 372.63 亿美元增加了近 30 倍，并超过美国，成为世界上最大的贸易国，这将对人民币国际化的推进起到关键作用。

表 3.3　　　　　世界主要国家对外贸易额占世界贸易的比重

国家	1990 年	1995 年	2000 年	2005 年	2010 年	2014 年
中国	2.00%	3.71%	4.70%	7.48%	10.06%	10.76%
美国	13.07%	13.66%	15.65%	12.03%	10.06%	10.22%
日本	7.51%	7.56%	6.57%	5.27%	4.69%	4.02%
德国	10.46%	9.23%	7.90%	8.22%	7.41%	7.08%
法国	6.38%	5.29%	4.76%	4.51%	3.80%	3.44%

资料来源：IMF。

与此同时，中国的经常项目盈余也在增加，在 2006 年超过日本成为世界上最大的经常项目盈余国。在 2008 年，中国的经常项目盈余达到最大，为

4 205.69亿美元，远远大于日本的 1 421.16 亿美元和德国的 2 108.93 亿美元。2014 年，中国的经常项目盈余达 2 196.78 亿美元，比 2013 年增长了 20%。但自 2011 年以来，我国的经常项目盈余低于德国，排名世界第二（见表 3.4）。

表 3.4　　　　世界主要国家经常项目余额及占其 GDP 的比重　单位：亿美元

国家	2010 年	2011 年	2012 年	2013 年	2014 年
中国	2 378.10	1 360.97	2 153.92	1 828.07	2 196.78
	3.94%	1.82%	2.55%	1.93%	2.12%
美国	−4 419.63	−4 603.58	−4 496.69	−3 767.63	−3 895.25
	−2.95%	−2.97%	−2.78%	−2.25%	−2.24%
日本	2 208.88	1 295.97	601.17	411.32	240.21
	4.02%	2.19%	1.01%	0.84%	0.52%
德国	1 933.26	2 279.35	2 408.62	2 423.25	2 903.27
	5.66%	6.07%	6.80%	6.47%	7.51%
法国	−220.34	−294.90	−417.20	−402.13	−289.45
	−0.83%	−1.03%	−1.56%	−1.43%	−1.02%

资料来源：IMF。

充足的外汇储备是实现人民币国际化的重要条件，因为它有利于维持外汇市场和汇率的相对稳定。表 3.5 显示了我国自 2000—2014 年的外汇储备及变动情况。2014 年，我国的外汇储备达 38 591.7 亿美元，比 2000 年的 1 682.78 亿美元增长了近 23 倍。2006 年，我国外汇储备余额达 10 684.93 亿美元，首次超过日本的 8 796.81 亿美元，成为拥有外汇储备最多的国家。此外，中国香港地区、韩国、新加坡、印度也拥有较多的外汇储备，14 年间分别增长了205%、273%、221% 和 701%，截止到 2014 年年末，外汇储备余额分别达到3 284.36亿美元、3 587.85 亿美元、2 566.43 亿美元和 3 034.55 亿美元。

表 3.5　　　　2000—2014 年中国及周边国家和地区的外汇储备　单位：亿美元

国家（地区）	2000 年	2005 年	2010 年	2011 年	2012 年	2013 年	2014 年
中国香港	1 075.42	1 242.44	2 686.49	2 852.96	3 172.51	3 111.29	3 284.36
日本	3 549.02	8 342.75	10 614.9	12 581.7	12 271.5	12 372.2	12 310.1
韩国	961.30	2 103.17	2 914.91	3 042.55	3 232.07	3 416.50	3 587.85
新加坡	799.61	1 159.60	2 255.03	2 375.27	2 590.94	2 728.64	2 566.43

表3.5(续)

国家（地区）	2000 年	2005 年	2010 年	2011 年	2012 年	2013 年	2014 年
不丹	3.18	4.67	10.02	7.90	9.55	9.91	12.45
文莱	4.08	4.92	15.63	24.87	32.85	33.99	34.71
柬埔寨	5.02	9.53	32.55	34.50	42.67	45.16	56.26
中国澳门	33.23	66.89	237.26	340.26	166.00	161.46	164.44
中国	1 682.78	8 215.14	28 660.79	32 027.9	33 311.2	38 395.5	38 591.7
印度	379.02	1 319.24	2 752.77	2 712.85	2 705.87	2 764.93	3 034.55
印度尼西亚	285.02	331.40	929.08	1 065.39	1 088.37	963.64	1 088.36
老挝	1.39	2.34	7.03	7.41	7.99	7.22	8.75
马来西亚	283.30	698.58	1 048.84	1 317.80	1 377.84	1 334.44	1 145.72
蒙古	1.79	3.33	21.97	22.75	39.30	20.96	15.40
缅甸	2.23	7.71	57.17	70.04	69.64		
尼泊尔	9.45	14.99	29.37	36.31	43.07	52.93	60.27
菲律宾	130.90	159.26	553.63	672.90	734.78	756.89	720.57
泰国	320.16	506.91	1 675.30	1 673.89	1 733.28	1 613.28	1 512.53
越南	34.17	90.51	124.67	135.39	255.73	258.93	341.89
哈萨克斯坦	15.94	60.84	252.23	251.79	221.32	191.27	218.14
吉尔吉斯斯坦	2.39	5.70	16.04	17.03	19.03	20.99	18.05
俄罗斯	242.64	1 758.91	4 435.86	4 539.48	4 865.77	4 696.03	3 393.70
塔吉克斯坦	0.93	1.68	3.24	2.89	2.98	4.61	1.77
阿富汗			41.74	52.68	59.83	64.42	66.81
巴基斯坦	15.13	100.33	143.46	145.28	102.42	51.56	118.07

资料来源：IMF, International Financial Statistics（IFS）。

3.2　中国与周边经济体经济联系较大

中国自改革开放以来，经济持续高速发展，对亚洲特别是中国周边的国家和地区都产生了巨大的影响。随着中国经济的强盛，周边国家对中国的依赖越来越大。本部分主要从贸易、投资、自贸区建设等三个方面来叙述中国与周边国家和地区的经济联系。

3.2.1 中国与周边国家和地区贸易联系密切

中国是周边若干国家的第一大贸易伙伴国，同时也是他们贸易顺差的最大来源国，他们对中国的出口助推了自身经济的发展。随着我国经济发展方式的转变、扩大内需和推动国际贸易收支平衡等战略的推进，我国市场对周边国家和地区的重要性日益增加。2014年，中国大陆是周边8个国家和地区的第一大出口目的国，是周边19个国家和地区的第一大进口来源国，其中，中国内地是香港地区的第一大进出口地，中国也是韩国、新加坡、蒙古、缅甸、泰国和朝鲜的第一大出口国和进口国（见表3.6），这在一定程度上体现了中国大陆市场对周边国家和地区的重要影响。表3.7是中国大陆与周边26个国家和地区在2010年和2014年的进出口贸易及贸易平衡情况，从中可以看出，周边国家和地区对华贸易中存在着巨大的贸易顺差。在2010年和2014年，周边26个国家和地区对我的贸易顺差达3 319.15亿美元和3 625.08亿美元，说明周边国家和地区充分分享了中国大陆市场的利益。其中，2014年，对中国大陆贸易存在顺差的国家或地区：日本、韩国、马来西亚、蒙古、缅甸、尼泊尔、菲律宾、泰国、越南、哈萨克斯坦、俄罗斯和巴基斯坦等12个国家和中国台湾地区，台湾地区享受最大的贸易顺差，韩国次之。在中国与周边国家和地区的跨境贸易中，相当一部分是以人民币结算的，特别是中国与这些国家的进口贸易，促进了人民币在周边国家和地区的流通，为人民币周边化的实现起到了积极的推动作用。

表3.6　　2014年中国在周边国家和地区对外贸易额的排名情况

国家（地区）	出口目的国	进口来源国
中国香港	1	1
日本	2	1
韩国	1	1
新加坡	1	1
文莱	11	2
柬埔寨	9	2
中国澳门	2	1
印度	4	1
印度尼西亚	2	1
老挝	1	2

表3.6(续)

国家（地区）	出口目的国	进口来源国
马来西亚	2	1
蒙古	1	1
缅甸	1	1
尼泊尔	3	2
菲律宾	3	1
泰国	1	1
越南	2	1
哈萨克斯坦	2	1
吉尔吉斯斯坦	9	1
俄罗斯	3	1
塔吉克斯坦	9	1
阿富汗	7	5
巴基斯坦	2	1
朝鲜	1	1

资料来源：根据 IMF, Direction of trade。

表 3.7　　　　　　中国对周边邻国和地区的进出口贸易情况　单位：百万美元

地区	2010 年			2014 年		
	出口	进口	贸易平衡	出口	进口	贸易平衡
中国香港	218 204.97	9 501.34	208 703.63	363 222.84	12 920.24	350 302.6
日本	120 262.43	176 304.03	−56 041.6	149 451.72	162 685.64	−13 233.92
韩国	68 810.57	138 023.82	−69 213.25	100 401.65	190 286.02	−89 884.37
新加坡	32 333.27	24 582.61	7 750.66	48 706.65	30 534.54	18 172.11
中国台湾	29 642.32	115 645.18	−86 002.86	46 282.94	152 309.97	−106 027.03
不丹	1.59	0.01	1.58	11.08	0.10	10.98
文莱	367.6	639.33	−271.73	1 747.05	189.64	1 557.41
柬埔寨	1 347.27	94.73	1 252.54	3 276.29	481.27	2 795.02
中国澳门	2 136.31	119.46	2 016.85	3 605.91	210.3	3 395.61
印度	40 880.11	20 855.62	20 024.49	54 237.23	16 412.57	37 824.66
印度尼西亚	21 973.46	20 759.72	1 213.74	39 072.8	24 588.96	14 483.84
老挝	476.45	562.01	−85.56	1 847.64	1 761.08	86.56

表3.7(续)

地区	2010 年			2014 年		
	出口	进口	贸易平衡	出口	进口	贸易平衡
马来西亚	23 816.91	50 375.26	−26 558.35	46 284.09	55 770.89	−9 486.8
蒙古	63.46	2 517.12	−2 453.66	104.04	5 071.65	−4 967.61
缅甸	1 449.23	960.99	488.24	2 215.54	15 578.16	−13 362.62
尼泊尔	0.02	11.39	−11.37	2.75	46.8	−44.05
菲律宾	352.67	16 198.86	−15 846.19	636.7	21 045.2	−20 408.5
泰国	1 994.98	33 201.1	−31 206.12	3 794.25	38 209.01	−34 414.76
越南	22.6	6 970.93	−6 948.33	180.23	19 927.78	−19 747.55
哈萨克斯坦	274.93	11 034.42	−10 759.49	908.22	9 698.54	−8 790.32
吉尔吉斯斯坦	9 279.17	69.53	9 209.64	12 718.34	46	12 672.34
俄罗斯	80.46	25 810.81	−25 730.35	115.3	41 558.14	−41 442.84
塔吉克斯坦	29 591.84	56.02	29 535.82	53 685.68	47.69	53 637.99
阿富汗	83 109.81	3.62	83 106.19	151 803.45	17.38	151 786.07
巴基斯坦	943.76	1 729.97	−786.21	2 063.18	2 760.39	−697.21
朝鲜	2 277.82	1 187.86	1 089.96	3 522.52	2 841.48	681.04

数据来源：根据 IMF，Direction of trade。

　　为了检验中国与周边国家和地区的贸易联系，本书利用贸易强度指数（Trade Intensity Index，又称贸易密度指数）来检验中国与周边国家和地区间贸易的联系，计算公式如下：

$$TII_{ij} = (X_{ij}/X_{it})/(X_{wj}/X_{wt}) \qquad (3.1)$$

　　其中，X_{ij} 表示 i 国对 j 国的出口，X_{it} 代表 i 国在 t 年的总出口；X_{wj} 表示世界对 j 国的出口，而 X_{wt} 表示 t 年全世界的出口额。贸易强度指数 TII_{ij} 代表了 i 国对 j 国的出口占其出口总额的比重与世界对 j 国的出口占世界总出口的份额之比。如果 TII_{ij} 大于 1，说明 i 国与 j 国之间的贸易强度大，表明两国之间的贸易关系比较密切；如 TII_{ij} 小于 1，说明 i 国与 j 国之间的贸易强度偏小，表明两国之间的贸易关系较为疏远；如果 TII_{ij} 等于 1，表明两国之间的贸易关系既不密切也不疏远，可以称两国间的贸易关系是中性的。

　　根据公式 3.1，本书计算了中国与周边国家和地区 2010—2014 年的贸易强度指数（见表 3.8），发现近五年内，只有阿富汗与中国的贸易强度小于 1，其他所有的国家和地区与中国的贸易强度指数都大于 1，这说明我国与周边国家和地区的贸易关系是比较密切的。

表 3.8　　中国与周边国家和地区 2010—2014 年间的贸易强度指数

国家（地区）	2010 年	2011 年	2012 年	2013 年	2014 年
中国香港	4.23	4.35	4.44	4.50	4.17
日本	1.85	1.82	1.68	1.63	1.60
韩国	1.63	1.59	1.54	1.53	1.58
新加坡	1.14	1.03	1.04	1.13	1.13
中国台湾	1.19	1.24	1.25	1.30	1.39
文莱	1.21	1.21	1.88	1.84	2.12
柬埔寨	1.30	1.92	1.72	1.85	1.64
中国澳门	1.40	1.55	2.62	2.08	2.15
印度	1.17	1.17	1.00	0.99	1.06
印度尼西亚	1.46	1.51	1.50	1.55	1.63
老挝	1.40	1.08	1.43	2.18	2.03
马来西亚	1.31	1.32	1.51	1.71	1.65
蒙古	4.00	4.09	3.30	3.27	3.31
缅甸	3.69	3.68	3.24	3.30	3.36
尼泊尔	2.12	2.43	2.99	2.83	2.36
菲律宾	1.38	1.51	1.52	1.65	1.71
泰国	1.16	1.22	1.26	1.25	1.32
越南	2.40	2.37	2.40	2.64	2.80
哈萨克斯坦	3.25	2.79	2.16	2.08	2.28
吉尔吉斯斯坦	5.96	5.60	4.85	4.38	4.35
俄罗斯	1.27	1.26	1.25	1.31	1.50
塔吉克斯坦	4.03	4.43	3.58	3.47	3.78
阿富汗	0.27	0.28	0.60	0.50	0.62
巴基斯坦	1.68	1.73	1.73	1.86	1.95
朝鲜	5.62	7.22	6.76	6.41	6.32

数据来源：根据 IMF，Direction of trade，整理计算所得。

3.2.2　中国对周边国家和地区的投资额较大

随着中国经济的发展，中国对外的直接投资额每年都在大幅度增加。截止到 2014 年年底，中国内地在亚洲 46 个国家和地区设立了近 1.7 万家境外企业，主要分布在中国香港、新加坡等地区和国家。中国内地共在香港地区设立的直接投资企业9 000多家，占到中国境外企业总数的三成，是中国设立境外企业数量最多、投资最活跃的地方。截止到2014年年末，中国对外直接投资累计额达8 826.4亿美元，占全球外国直接投资存量的3.4%，位居世界第8位，比上年提高了3位。从流量方面来看，2014年，中国对外直接投资净额为1 231.2亿美元，较上年增长14.2%，占全球对外直接投资流量的9.1%，位居世界第三①。

图3.4显示了中国对周边国家和地区的直接投资情况，发现中国对外直接投资一半以上都流向了中国周边国家和地区。2008年，中国对周边国家和地区的直接投资占中国对外直接投资的78%，达到历史最高，随后这一比例有降有升，平均维持在67%左右。2014年，中国周边国家和地区的直接投资额达831.7亿美元，比2006年的87.82亿美元增加了9倍左右，说明中国对周边国家和地区的直接投资额量大，增长速度快，这为人民币的周边化创造了良好的条件。

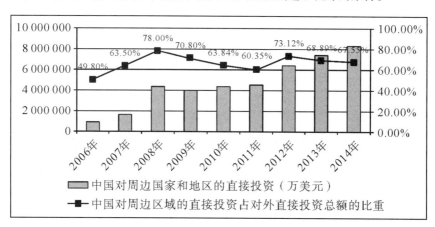

图3.4 中国对周边国家和地区的投资额及比例

资料来源：根据《2014年度中国对外直接投资统计公报》计算所得。

表3.9详细显示了2006—2014年中国内地对周边区域内直接投资的具体流向。从中可以看出，流向香港地区的直接投资额最大，达708.67亿美元，同比增长了12.8%，占2014年中国在周边区域内投资流量总额的85.2%。除了香港地区外，新加坡、印度尼西亚、老挝、巴基斯坦、泰国和俄罗斯等6国也包含在中国对外直接投资流量前20位的国家（地区）里面，分别占中国对周边区域投资的3.4%、1.5%、1.2%、1.2%、1%和0.8%。

---

① 中华人民共和国商务部，中华人民共和国国家统计局，国家外汇管理局. 2014年度中国对外直接投资统计公报［M］. 北京：中国统计出版社，2015.

表 3.9 　　　中国对周边国家和地区的直接投资流量情况

单位：万美元

国家（地区）	2006年	2007年	2008年	2009年	2010年	2011年	2012年	2013年	2014年
阿富汗	25	10	11 391	1 639	191	29 554	1 761	-122	2 792
巴基斯坦	-6 207	91 063	26 537	7 675	33 135	33 328	8 893	16 357	101 426
朝鲜	1 106	1 840	4 123	586	1 214	5 595	10 946	8 620	5 194
俄罗斯	45 211	47 761	39 523	34 822	56 772	71 581	78 462	102 225	63 356
菲律宾	930	450	3 369	4 024	24 409	26 719	7 490	5 440	22 495
哈萨克斯坦	4 600	27 992	49 643	6 681	3 606	58 160	299 599	81 149	-4 007
韩国	2 732	5 667	9 691	26 512	-72 168	34 172	94 240	26 875	54 887
吉尔吉斯斯坦	2 764	1 499	706	13 691	8 247	14 507	16 140	20 339	10 783
柬埔寨	981	6 445	20 464	21 583	46 651	56 602	55 966	49 933	43 827
老挝	4 804	15 435	8 700	20 324	31 355	45 852	80 882	78 148	102 690
马来西亚	751	-3 282	3 443	5 378	16 354	9 513	19 904	61 638	52 134
蒙古	8 239	19 627	23 861	27 654	19 386	45 104	90 403	38 879	50 261
缅甸	1 264	9 231	23 253	37 670	87 561	21 782	74 896	47 533	34 313
尼泊尔	32	99	1	118	86	858	765	3 697	4 504
日本	3 949	3 903	5 862	8 410	33 799	14 942	21 065	43 405	39 445
塔吉克斯坦	698	6 793	2 658	1 667	1 542	2 210	23 411	7 233	10 720
中国台湾	-3	-5	-6	4	1 735	1 108	11 288	17 667	18 370

表3.9（续）

国家（地区）	2006年	2007年	2008年	2009年	2010年	2011年	2012年	2013年	2014年
泰国	1 584	7 641	4 547	4 977	69 987	23 011	47 860	75 519	83 946
文莱	—	118	182	581	1 653	2 011	99	853	−328
新加坡	13 215	39 773	155 095	141 425	111 850	326 896	151 875	203 267	281 363
印度	561	2 202	10 188	−2 488	4 761	18 008	27 681	14 857	31 718
印度尼西亚	5 694	9 909	17 398	22 609	20 131	59 219	136 129	156 338	127 198
越南	4 352	11 088	11 984	11 239	30 513	18 919	34 943	48 050	33 289
中国澳门	−4 251	4 731	64 338	45 634	9 604	20 288	1 660	39 477	59 610
中国香港	693 096	1 373 235	3 864 030	3 560 057	3 850 521	3 565 484	5 123 844	6 282 378	7 086 730
合计	878 237	1 683 225	4 360 981	4 002 472	4 392 895	4 505 423	6 420 202	7 429 755	8 316 716

注：表中数字为负的表示境外子公司、联营公司，境外企业归还当期或以前年度境内投资者的数额大于当期境内投资者对外的投资。

数据来源：《2014年度中国对外直接投资统计公报》。

3.2.3　中国周边自贸区建设

目前，中国已与东盟、新加坡、巴基斯坦、韩国签订了自由贸易协定，同时内地还与香港、澳门签署了《关于建立更紧密经贸关系的安排》（CEPA），以及大陆与台湾签订了《海峡两岸经济合作框架协议》（ECFA）。正在谈判的自贸区有中日韩自贸区、《区域全年经济合作伙伴关系协定》和中国与巴基斯坦自贸协定。同时，中国正在研究与印度建立自由贸易区的可能性（见表3.10）。

表 3.10　　　　　　　　中国与周边国家和地区的自贸区建设

已签订协议的自贸区	正在谈判的自贸协定	正在研究的自贸区
中国-新加坡	中日韩	
中国-东盟	中国-巴基斯坦自贸协定第二阶段谈判	中国-印度
中国-东盟升级		
中国-韩国	《区域全面经济合作伙伴关系协定》（RCEP）	
中国-巴基斯坦		
中国内地-港澳地区		
中国大陆-台湾地区		

资料来源：中国自由贸易区服务网。

3.2.3.1　中国东盟自贸区及升级

中国东盟自贸区的构思始于1999年在马尼拉召开的第三次中国和东盟领导人会议。在进行可行性研究之后，中国东盟自贸区的筹备工作提上日程。2002年11月4日，在第六次东盟-中国首脑会议上，双方签署了合作框架协议，正式启动自贸区建设进程，到2010年1月1日，中国-东盟自由贸易区正式成立。为进一步提高本地区贸易投资自由化和便利化水平，2014年8月，中国-东盟经贸部长会议正式宣布启动升级谈判。经过4轮谈判，双方于2015年11月22日签订《中华人民共和国与东南亚国家联盟关于修订<中国-东盟全面经济合作框架协议>及项下部分协议的议定书》。

2002年，当中国-东盟自贸区刚刚启动时，中国与东盟双边贸易为500亿美元，2004年突破1 000亿美元，2008年更是达到了2 311.2亿美元，2009年受全球金融危机的影响，中国与东盟的进出口贸易额有所下滑，在2010年则全幅回升，双方贸易额达2 927.8亿美元，同比增长37.4%。2012年，中国东盟双边贸易额突破 4 000 亿美元，在 2014 年高达 4 803.9 亿美元，比 2002 年增长了近 9 倍。从图 3.5 中还可以看出，2012 年之前，东盟对华贸易一直保持顺差，表明东盟对中国的市场扩展速度较快，对中国市场的依赖程度在加大，其在中国-东盟自贸区中的收益可见一斑。如今，中国是东盟最大的贸易伙伴，中国与东盟的贸易关系越发紧密，中国-东盟自贸区的成立是中国、东盟关系史上的一座里程碑。

在服务贸易方面，随着《服务贸易协议》的不断落实，中国与东盟在服务贸易领域的合作发展迅速。在工程承包和劳务合作方面，东盟也是中国重要的服务贸易输出地。2003—2013 年，中国在东盟工程承包完成营业额从 18 亿美元提高到 210 亿美元，增长了近 11 倍，年均增速达 23.1%[①]。在人员往来方面，2014 年，中国-东盟人员往来达 1 756 万人次，其中，中国赴东盟总人数为 1 140 万人次，东盟赴中国 616 万人次[②]。

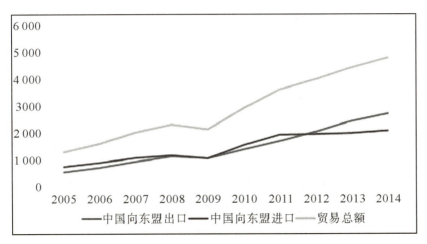

图 3.5 中国-东盟双边贸易额（单位：亿美元）

资料来源：中国海关信息网。

在投资方面，随着《中国-东盟自由贸易区投资协议》的签订，双方的投资合作进入一个新的发展阶段。据中国商务部统计，在 2014 年，中国和东盟双向投资新增 121.8 亿美元，双方双向投资额累计高达 1 269.5 亿美元。伴随着人民币"走出去"战略步伐，中国对东盟国家的投资持续升温。2014 年，

① 袁波. 中国对东盟投资合作前景与建议 [J]. 国际工程与劳务，2015 (4)：32-34.
② 邹国勇，吴琳玲. TPP、RECP 背景下的中国-东盟自贸区建设：挑战与应对 [J]. 吉首大学学报（社会科学版），2016 (2)：53-61.

中国宣布设立 400 亿美元的丝路基金，并且成立亚洲基础设施投资银行，初始资金 500 亿美元，支持地区互联互通和基础设施建设，这一系列措施都加大了中国-东盟的双边投资。

3.2.3.2　中国-新加坡自贸区

中国-新加坡自由贸易区自 2006 年 8 月开始启动谈判。2008 年 10 月 23 日，两国签订了自由贸易协定。这份协定涵盖领域广泛，内容全面。它的签署标志着中国与新加坡的双边经贸关系发展进入到一个新的阶段，这不仅进一步促进了中新两国的经贸关系发展，维护两国经济与贸易的稳定，并且也对东亚经济的一体化的积极推进产生了促进作用。

3.2.3.3　中国-巴基斯坦自贸区

中国与巴基斯坦是睦邻友好国家，两国友谊源远流长，两国的经贸关系不仅稳定，并且处于一直增长的阶段。根据货币基金组织统计，中国与巴基斯坦在 2014 年的双边贸易额达到 160 亿美元，同比增长了 12.5%。2005 年初，考虑到双方开放市场可实行双赢，中国同巴基斯坦正式启动了自贸区"早期收获"谈判。"早期收获"是借鉴中国-东盟自贸区的建设经验，在自贸区建设初期先行对部分产品实施的降税。2005 年 8 月，中巴自贸区全面降税的谈判在中国新疆乌鲁木齐正式拉开序幕。通过 6 轮谈判，中国与巴基斯坦最终签订了《中华人民共和国政府和巴基斯坦伊斯兰共和国政府自由贸易协定》（以下简称《自贸协定》）。从《自贸协定》生效的第六年开始，双方对各自产品进一步实施降税。中国-巴基斯坦自由贸易区的建立进一步促进了两国间的经贸发展，通过经贸合作提高双方的生产率。同时，中国-巴基斯坦自贸区的建设会继续稳固了两国间的友好关系，中国可以把巴基斯坦作为在南亚地区的重要经济平台，为顺利开展南亚经济合作提供了便利。

3.2.3.4　中韩自贸区

中韩自贸区谈判于 2012 年 5 月正式启动，历时两年半共举行了 14 轮谈判，中韩自由贸易区在 2015 年 6 月 1 日正式建立。

中韩自贸区的成立在中韩两国经济关系的发展过程中具有重大的意义。这不仅能推动中韩两国经贸的快速发展，同时也会对亚洲经济的发展产生重大的影响，在一定程度上会加快东亚和亚太区域经济一体化进程并产生积极的示范效应。首先，对中国而言，中韩自贸区的建立不仅能增加中国企业的竞争力，同时也能消除部分中国没有加入 TPP 的不利影响。其次，对韩国而言，中韩自贸区的建立打开了一条通往中国市场的快速通道，降低韩国商品流入中国的成本，增大商品流出量，带动国内经济发展，复苏韩国产业。最后，中韩两国签订自贸区协议将对亚太地区产生深远影响。

3.2.3.5 中日韩自由贸易协定

1999 年 11 月，中日韩三国领导人在马尼拉会议上就构建中日韩自由贸易区达成共识。2012 年 11 月，三国经贸部长会晤，宣布正式启动中日韩自由贸易区谈判。在 2013 年 3 月 26—28 日启动中日韩自贸区第一轮谈判，三方讨论了自由贸易区的机制安排、谈判领域和谈判方式。至此，中日韩自贸区的大幕，终于掀开了一角。经过三年的长跑，中日韩自贸区第九轮谈判于 2016 年 1 月 18 日在东京举行。在中日韩自贸区协议谈判过程中，中日韩三方均认为，建立中日韩自由贸易区，符合三国的整体利益。三国自由贸易区为三国之间的贸易渠道提供了更大的便利，充分发挥了三国间的产业互补性。中日韩自由贸易区的建立不仅会促进三个国家的经济发展，同时也会带来整个东亚区域的稳定与繁荣。

中日韩三国地理位置相邻，在政治、经济、文化上存在着广泛的往来和紧密的联系，是构建中日韩自由贸易区的先天优势，增加了中日韩三国构建自贸区的可能性。从中日韩三国经济关联上来看，三国经过长期的经济合作与融合，在经济上形成了明显的互补关系。日本属于发达国家，其优势体现在拥有尖端技术、优质产业和高端产品；韩国属于相对发达的工业化国家，其比较优势表现为相对先进的技术、较为健全和先进的产业体系；中国属于工业化进程中的发展中国家，拥有巨大的市场和丰富的劳动力。在这种形式下，三国可取长补短、各自发挥优势协同发展，展开有效的区域合作。以加工贸易为例，日本和韩国向中国出口高端材料零部件等，在中国加工组装后再出口到日韩或欧美市场。构建中日韩自由贸易区后，可以进一步促进三国间的市场内部联系，有利于挖掘各自市场潜能，发挥三国市场联动效应，为促进三国经济发展提供有效市场需求，为三国经济发展提供新的动力。中日韩自贸区的构建，将会丰富人民的物质文化生活。自贸区建成后，区内贸易关税和其他壁垒将会被取消，降低产商的生产成本，这将会为三国人民提供更好、价格更便宜的产品与服务。同时，三国间旅游市场、教育生产和文化产品生产等方面也会得到大规模的扩张，促进三国间的人员往来，促进文化交融，增强三国间的互信与友好。中日韩自贸区的建立，不仅会给三个国家带来巨大的好处，同时也会带动整个亚洲区域经济的发展，从而加速亚洲区域经济一体化进程。中日韩是亚洲三个举足轻重的重要国家，中日韩自贸区的建立，必会成为主导亚洲经济走向的重要力量，这对于维护区域和平稳定，促进整个亚洲经济可持续健康发展有着重要的意义。

3.2.3.6 区域全面经济伙伴关系（RECP）

2012 年 11 月 20 日，（RCEP）谈判正式启动。区域全面经济伙伴关系协定覆盖 16 个成员国，这些成员国总体人口众多，几乎占全世界人口的 50%；从经济规模来看，这 16 个成员国的 GDP 总值，对外贸易总额大约占全世界的三分之一。由此可以看出，区域全面经济伙伴关系协定，成员国众多，总体经济规模强盛，是我国参与的成员最多、规模最大的自贸区谈判。从 RECP 的发展来看，RECP 具有以下几个特点：第一，RECP 是东亚地区经济一体化合作机制。东盟此前已分别与中国、日本、韩国、澳大利亚、新西兰和印度签署了 5 份自由协定。这 5 个 "10+1" 自由贸易协定为 RECP 的构建奠定了有利基础，RECP 将这 5 个自由贸易协定加以整合实现一体化，进一步扩大东盟与 6 个伙伴国之间合作的深度与广度。第二，RECP 目标在于制定高水平自由贸易协定。面对 TPP 的高标准，东盟欲改变国际上对东盟经济整合松散、自由化品质不佳的印象，誓言将 RECP 也打造成高标准的区域贸易协定。根据 RECP 指导原则文件，各国同意推动 "高水准" 的自由化工作，RECP 自由化程度高于目前的 5 个 "10+1" 自贸协定。第三，RECP 平衡 TPP 在亚太地区的影响，为发展中国家寻求战略平台。东盟中未参与 TPP 的成员国主动推出 RECP 意欲构建亚洲经贸规则，为区域内的发展中国家，包括中国提供了相对舒适的区域一体化谈判平台。

中国是东亚的重要经济体，与东盟最早成立的 "10+1" 自贸区是东亚地区经济合作的重要推动力量。中国支持 RECP 将会有以下好处：一是促进我国出口贸易及整体经济的发展。RECP 的目标是消除内部贸易壁垒，创造完善的自由投资环境。贸易壁垒的消除使各个成员国的出口成本大大降低，这必将增加 RECP 区域经济的活力，重新配置区内生产要素，提高劳动生产率，使得区域内贸易迅速增加，带动成员国经济增长。二是 RECP 是东亚国家主动应对 TPP 的一个突破口，可以避免东盟主导权被旁落的疑虑。有鉴于此，中国应该从战略层面高度重视和推动 RECP 的谈判进程，采取积极主动的谈判政策。在 16 个 RECP 成员中，中国经济发展处于中上水平，在 5 个 "10+1" 自贸区中，货物贸易的开放程度和实施效果处于高位，因此，在 RECP 的谈判中，中国有条件成为积极的推动者。在 RECP 谈判中采取积极和进取性的战略也有助于推动中国国内市场和管理体制的开放与改革。

3.3 人民币离岸市场的迅速发展

离岸市场的建设可以在一定程度上促进一国货币的国际化。何东和 Mc-Cauley（2010）指出，离岸金融市场的发展壮大可以提高一国货币的被接受程度，尤其是对于希望实现本币国际化但由于国情仍处于资本账户管制的国家，这种作用可能是更为显著的。

随着中国经济的高速发展，跨境贸易人民币结算也随之快速发展，在资本项目没有完全开放、人民币不能自由兑换的情况下，人民币离岸市场建立的主要原因是境外的人民币不能够进入国内资本市场。通过建立一个专门的境外市场，可以解决境外个人和企业持有人民币中的流通和交易问题。

3.3.1 香港人民币离岸市场

目前，香港已经成为最重要的人民币离岸市场，这是因为香港作为亚洲的国际金融中心之一，有着得天独厚的有利条件。

3.3.1.1 香港人民币离岸市场的发展历程

2003 年 11 月 19 日，中国人民银行与香港金管局签署合作备忘录。中国人民银行同意香港银行在港开展人民币业务，并为香港的人民币业务提供清算渠道和回流机制。2004 年 2 月和 4 月，香港银行开始为香港居民办理个人人民币的存款、汇款和兑换业务，并随后推出人民币银行卡的发行。为进一步满足香港人民币业务发展需要。经国务院批准，2005 年 11 月 1 日，中国人民银行发布第 26 号公告，公告包含了香港人民币业务在新的阶段内两个方面的内容：一是完善现有的香港人民币业务。举措主要有扩大能兑换人民币现钞的商户范围；放宽香港居民个人人民币现钞兑换、汇款的限额；同时取消香港银行发行人民币卡的授信限额，并且为香港居民个人签发人民币支票提供清算服务。二是拓展香港人民币业务。2007 年 1 月 10 日，经国务院常务会议决定，同意进一步扩大香港人民币业务，内地金融机构经批准可以在香港发行人民币金融债券，中国人民银行将为此项业务提供相应的清算安排。这进一步扩大了香港居民及企业所持有人民币回流到内地的渠道，从而有助于内地和香港的经济往来。

3.3.1.2 香港人民币离岸市场人民币业务量

香港人民币离岸市场是中国目前资金池额度最大的人民币离岸市场。截止到 2016 年 1 月，香港地区经营人民币业务的认可机构数目达 145 家，相比 2004 年的 38 家，增长了将近 4 倍。其中，在这些机构开设的人民币活期及储蓄存款户口共有 4 912 176 个，人民币定期存款户口有 904 497 个，人民币存款总额达 8 521 亿元①。

　　表 3.11 显示了 2004—2015 年香港的人民币存款。从中可以发现，香港人民币存款分别在 2008 年、2010 年、2011 年和 2013 年有较大的突破。自 2004 年 2 月，香港地区开始办理人民币业务，截至 2004 年年末，存款总额达 121 亿元，经营人民币业务的机构共有 38 家。2005 年，香港地区的人民币业务有很大发展，人民币存款增长了 86%，达到 226 亿元。2006 年和 2007 年，人民币存款又分别达到 234 亿元和 334 亿元，人民币存款稳定增加。2008—2009 年发展较为快速。虽然 2008 年爆发了全球金融危机，但是这并没有阻碍人民币离岸市场的发展进程。香港地区人民币存款在 2008 年年末达到 561 亿元，比 2007 年上升了 68%。2009 年，经营人民币业务的机构数目有了较大发展，增加到 60 家。2009 年 7 月，人民币贸易结算试点启动。部分跨境贸易开始使用人民币结算，这促使了大量的人民币流向香港，造成 2010 年香港地区人民币存款的飞跃式增加，达到 3 149 亿元，比 2009 年增长了 4 倍左右，经营人民币业务的结构数增加到 111 家，比上年新增了 51 家。2011 年在 2010 年的基础上保持了高速发展的趋势，存款总额增加到 5 885 亿元，同比上升了 87%。经营人民币业务的机构数也有所增加，一年之内新增了 28 家。在 2012 年，人民币存款增速有所放缓，但在 2013 年又开始反弹，到 2014 年年末，香港地区人民币活期存款规模为 1 770 亿元，定期存款规模为 8 266 亿元，存款总额为 10 036 亿元，达到历史最高，同比增长 17%，占香港金融机构总存款的 12.43%，占香港外币存款的 23.7%。在 2015 年，香港地区人民币存款开始出现下降，截至 2015 年 12 月末，香港地区人民币存款至 8 511 亿元，下降 1 525 亿元，降幅达 15.2%，这是历史上香港地区人民币存款首次出现全年下跌。这主要是因为人民币兑美元贬值，导致投资者抛售人民币资产，令香港地区人民币资金池和"点心债"等人民币资产收缩。

---

① 数据来源于香港金融管理局。

表 3.11 香港地区人民币存款额变化 （单位：亿元人民币）

时间（年）	活期及储蓄存款	定期存款	总计	变化率	经营人民币业务的认可机构数目
2004	54	67	121	—	38
2005	106	120	226	0.86	38
2006	122	112	234	0.04	38
2007	225	109	334	0.43	37
2008	381	179	561	0.68	39
2009	407	221	627	0.12	60
2010	1 176	1 974	3 149	4.02	111
2011	1 764	4 121	5 885	0.87	133
2012	1 235	4 795	6 030	0.02	139
2013	1 511	7 094	8 605	0.43	146
2014	1 770	8 266	10 036	0.17	149
2015	1 609	6 902	8 511	−0.15	145

数据来源：香港金融管理局. 金融数据月报 [J]. 2016 (259).

表 3.12 是 2009 年 7 月以来的香港银行处理的跨境贸易人民币结算情况，从中可以看出，香港地区的跨境贸易人民币结算增长速度快。人民币结算额在 2009 年下半年只有 18.54 亿元，到 2015 年，全年累计人民币结算 68 331 亿元。2011 年，香港跨境贸易人民币结算量突飞猛进，比 2010 年增长了 419%，此后几年，每年的增长率分别为 38%、46%、63% 和 10%。伴随着贸易人民币结算的增加，香港地区的人民币汇款也随之上升。图 3.6 列出了两地人民币贸易汇款的数据，从中可以发现，2015 年以前，除了 2011 年下半年，其他时间段内，由内地汇至香港的人民币额要多于香港汇至内地的人民币额，这导致了香港地区人民币存款的增加。在 2015 年，香港汇至内地的人民币达 30 263 亿元，而内地汇至香港的只有 25 351 亿元，说明香港的人民币开始回流入内地，这也导致了 2015 年香港地区人民币存款的降低。

表 3.12 2010—2015 香港银行处理的人民币贸易结算 （单位：亿元）

时间	2009 年	2010 年	2011 年	2012 年	2013 年	2014 年	2015 年
1 月	—	12.2	1 080	1 564	2 685	4 923	5 480
2 月	—	4.11	874	1 875	2 217	3 941	4 620

表3.12(续)

时间	2009 年	2010 年	2011 年	2012 年	2013 年	2014 年	2015 年
3 月	–	25.3	1 154	2 273	3 408	6 024	6 162
4 月	–	29.8	1 342	1 771	2 754	4 615	4 842
5 月	–	67.5	1 534	2 234	3 181	4 440	4 925
6 月	–	132	2 051	2 414	2 708	5 318	5 929
7 月	0.43	103	1 490	2 234	2 854	5 076	5 836
8 月	0.2	386	1 858	2 542	3 042	4 962	7 279
9 月	0.34	300	1 906	2 393	3 317	6 056	7 386
10 月	0.19	686	1 615	1 954	3 153	5 323	4 108
11 月	3.78	937	1 850	2 430	4 394	5 328	5 089
12 月	13.6	1 009	2 390	2 641	4 696	6 578	6 675
总额	18.54	3 691.91	19 144	26 325	38 409	62 584	68 331

资料来源：香港金融管理局数据整理及计算所得。

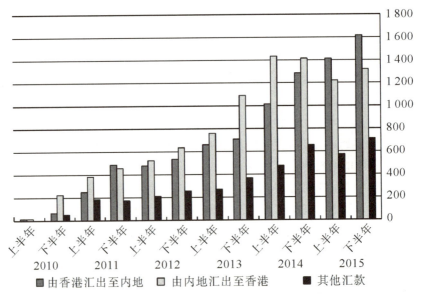

图 3.6　贸易人民币汇款（单位：十亿元）

资料来源：《货币与金融稳定情况半年度报告（2016 年 3 月）》。

　　中国内地与香港之间的跨境贸易发展已比较成熟。2015 年，两者之间的贸易额为 39 205.64 亿港元，占香港当期贸易总额的 51.2%。香港与内地的贸易额几乎占香港贸易总额的一半左右（见图 3.7）。内地与香港贸易关系的发展，大大促进了贸易中人民币结算量。

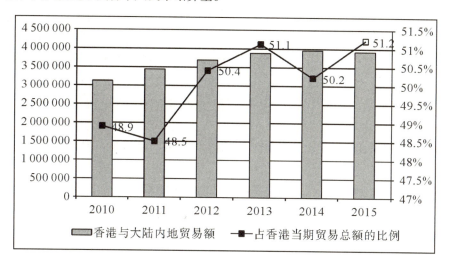

图 3.7 香港与中国内地的贸易总额（单位：百万港元）

资料来源：香港金融管理局数据整理及计算所得。

3.3.2 台湾人民币离岸市场

改革开放以来，中国政府在"和平统一、一国两制"的对台基本方针政策下，对两岸贸易、投资以及人员往来方面一直保持着积极的态度，有效推动了两岸关系向前发展。海峡两岸关系的健康与稳定发展是建立台湾人民币离岸市场的基本条件。近年来，两岸经贸和人员往来更加密切，人民币币值呈现稳中有升的趋势，使人民币受到台湾地区社会各界的欢迎。

3.3.2.1 人民币在台湾地区的业务发展历程

2005 年 10 月 3 日，台湾首次放开金门、马祖两地试办人民币业务，规定凡符合金门、马祖两岸海上直航入出境规定的台湾民众或大陆旅客，都可以在金门、马祖许可的金融机构内兑换人民币，但是每次兑换额不能超过两万元。2008 年 6 月 30 日，台湾"中央银行"正式核准了台湾银行等 14 家金融机构，共 1 240 家分行，开始办理人民币现钞买卖业务。2011 年 7 月 21 日，台湾金融主管部门制定"台湾地区银行人民币业务规定"，开放海外金融业务分析及海外分行办理人民币业务。2012 年 8 月 31 日，两岸货币管理机构签署了《海峡两岸货币清算合作备忘录》，两岸货币管理机构将据此建立两岸货币清算机制。此举标志着两岸货币合作步入新的发展阶段。

3.3.2.2 台湾地区银行办理人民币业务量

台湾地区银行办理人民币业务量发展迅速。2014 年，我国大陆与台湾地区全年办理跨境人民币实际收付为 4 980.3 亿元，同比增长 92.2%，占同期收付总额的 5%。截至 2014 年年末，台湾地区受理人民币业务的外汇指定银行（DBU）为 67 家，国际金融业务分行（OBU）为 59 家。根据表 3.13 可知，截至 2016 年 1 月，人民币在台湾地区的存款余额有 3 201.47 亿元，比 2013 年 2 月增加了 7 倍多；汇款总额达 2 680.69 亿元，比 2012 年 2 月增加了 14 倍多。在跨境贸易人民币结算方面，台湾地区也取得了很大的进展。到 2016 年 1 月，已累计办理贸易人民币结算 111 202 亿元。从图 3.8 中可以看出，虽然每月结算的人民币规模波动很大，但是累计额却是一直在增加。

表 3.13　　　　　　　台湾地区银行办理人民币业务量　　　　（单位：亿元）

日期	存款余额	汇款总额	日期	存款余额	汇款总额
2013 年 2 月	390.11	173.07	2014 年 8 月	2 952.44	681.38
2013 年 3 月	482.99	245.41	2014 年 9 月	3 004.29	1 231.74
2013 年 4 月	568.79	240.67	2014 年 10 月	3 005.15	2 004.36
2013 年 5 月	662.85	428.41	2014 年 11 月	3 006.01	2 212.70
2013 年 6 月	711.98	375.21	2014 年 12 月	3 022.67	3 190.37
2013 年 7 月	768.59	673.16	2015 年 1 月	3 102.00	2 595.04
2013 年 8 月	851.41	396.38	2015 年 2 月	3 187.65	1 710.64
2013 年 9 月	986.59	369.75	2015 年 3 月	3 245.82	2 731.84
2013 年 10 月	1 232.47	495.87	2015 年 4 月	3 301.25	2 120.55
2013 年 11 月	1 551.23	592.17	2015 年 5 月	3 362.85	2 048.84
2013 年 12 月	1 826.00	1 004.54	2015 年 6 月	3 382.18	2 975.33
2014 年 1 月	2 145.22	809.54	2015 年 7 月	3 366.45	2 653.00
2014 年 2 月	2 470.51	706.53	2015 年 8 月	3 297.89	4 073.03
2014 年 3 月	2 683.92	886.23	2015 年 9 月	3 223.29	2 299.04
2014 年 4 月	2 875.37	707.77	2015 年 10 月	3 202.65	1 697.14
2014 年 5 月	2 900.79	735.81	2015 年 11 月	3 178.61	2 102.18
2014 年 6 月	2 927.38	758.53	2015 年 12 月	3 193.78	3 451.49
2014 年 7 月	2 930.26	788.67	2016 年 1 月	3 201.47	2 680.69

资料来源：台湾"中央银行"官网。

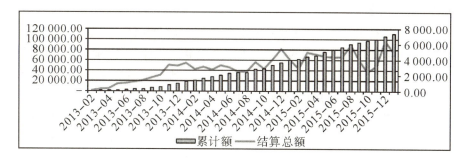

图 3.8　人民币贸易结算额（单位：亿元）

数据来源：台湾"中央银行"官网。

从台湾地区与大陆贸易人民币结算发展前景来看，两地之间紧密的经贸关系是人民币结算的坚实基础。两岸之间投资与贸易的增长，将对人民币的贸易结算提供实质上的便利。根据海关总署公布的 2015 年外贸数据，2015 年，两岸贸易总额 1 885.6 亿美元，大陆共批准台商投资项目 2 962 个，实际使用台资 15.4 亿美元，经大陆主管部门核准的赴台投资企业和项目 95 个，投资金额 4.36 亿美元。台湾是大陆第七大贸易伙伴和第六大进口来源地。而大陆是台湾地区最大的贸易伙伴，并且是其第一大出口目的地和第一大进口来源地①。

3.3.3　澳门人民币离岸市场

相对香港、澳门地区的人民币业务正式开始的相对较晚。2004 年 8 月 3 日，中国人民银行颁布第 8 号公告，指出为了方便中国内地与澳门之间的经贸和人员往来，引导在澳门的人民币有序回流到内地，中国人民银行将为在澳门办理个人人民币存款、兑换、银行卡和汇款业务的有关银行提供清算安排。随后，中国银行澳门分行被选定为澳门银行的个人人民币业务清算行，澳门个人人民币业务于 2004 年 11 月 3 日正式开办。2009 年 12 月 14 日，中国人民银行扩大了为澳门银行办理人民币业务提供平盘及清算安排的范围：一是增加人民币现钞兑换的限额至 20 000 元，同时扩大澳门人民币业务指定的商户范围；二是授权澳门人民币业务清算行，使之有权为澳门居民个人签发的支票提供清算服务。为进一步落实并开通澳门跨境贸易人民币结算清算渠道业务试点，中国人民银行和澳门金融管理局同时还在澳门签署了补充监管合作备忘录。有关人民币结算清算政策的发布及业务范围的扩展，为澳门在对外贸易中的人民币

---

① 中国产业信息. 大陆共批准台商投资项目 2 081 个，同比上升 21.3% ［EB/OL］（2015-11 -10）. http：//www. chyxx. com/data/201511/357182. html.

结算提供了直接的便利。

自澳门银行正式办理人民币业务以来，人民币在澳门日益受到欢迎，因此推动了澳门人民币存款数额的日益增加。根据相关统计数据，截止到 2004 年 12 月，澳门地区的人民币存款只有 8 206 万元，到 2012 年年末，这一数字达到 416.3 亿元，增长了 500 多倍①。根据澳门金融管理部门统计，澳门地区的人民币存款总额在 2013 年年末、2014 年年末和 2015 年年末分别达到 108.9 亿澳门元、128.9 亿澳门元和 79.2 亿澳门元。澳门地区人民币存款总额大体呈上升趋势（见图 3.9），但截止到 2015 年年末，澳门地区人民币存款额比 2014 年末少了 49.7 亿澳门元，同比下降了 38.6%。

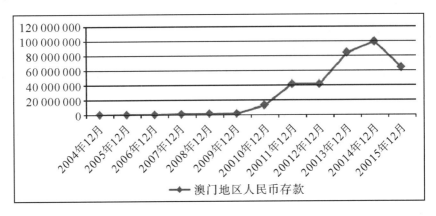

图 3.9　澳门地区人民币存款总额（单位：千元）

数据来源：澳门金融管理局。

以往澳门地区的贸易结算货币多为美元和港元，人民币只是在民间往来中有部分使用。自人民币贸易结算试点启动以来，澳门地区对外贸易的人民币结算量有了较大幅度的提高。表 3.14 是 2010 来以来澳门地区人民币跨境贸易结算量统计。从中可以看出，在 2010 年 1 月，澳门地区对外贸易的人民币结算量仅有 0.35 亿元，到 2010 年 12 月底，这一数字增加到 13.1 亿元，说明澳门地区贸易的人民币结算量在这一年内增长了 37 倍多。在 2015 年，澳门地区人民币贸易结算额从 1 月份 230.2 亿元增加到 12 月份 283.2 亿元，增长了 23%。从人民币结算总额来看，2015 年，澳门银行共办理了人民币结算 2 581.9 亿元，比上年同比增加了 13.8%，比 2010 年总额 60 亿元增加了近 43 倍。人民币贸易结算在澳门已经形成良好的发展势头。

---

① 梅德平. 跨境贸易人民币计价结算问题研究［M］. 武汉：武汉大学出版社，2014.

表 3.14　　　　　澳门地区人民币跨境贸易结算　　　　（单位：千元）

时间	2010 年	2011 年	2012 年	2013 年	2014 年	2015 年
1 月	35 002	2 483 916	4 479 095	10 458 302	16 928 505	23 024 227
2 月	75	1 786 400	5 840 247	9 426 057	13 256 582	17 854 015
3 月	177 653	1 902 851	9 994 482	15 853 213	21 278 944	26 280 958
4 月	32 926	5 426 726	6 141 665	12 098 627	18 882 236	17 659 645
5 月	173 065	3 949 284	13 253 895	10 766 597	22 142 770	21 977 485
6 月	273 802	4 348 606	5 798 602	10 576 271	17 713 579	29 984 764
7 月	261 967	2 569 708	6 392 342	13 049 445	14 400 741	21 517 506
8 月	905 466	6 921 060	8 476 597	9 054 298	11 443 277	23 387 977
9 月	216 036	6 662 756	8 022 505	17 895 423	18 022 606	22 314 711
10 月	294 282	6 614 519	8 985 073	12 061 165	24 964 342	10 448 027
11 月	2 324 699	9 821 758	11 329 022	15 214 328	28 390 966	15 423 266
12 月	1 309 653	8 867 560	9 315 498	13 109 286	19 553 233	28 317 416

数据来源：澳门金融管理局。

3.4　"一带一路"建设与亚投行助推人民币周边化

3.4.1　"一带一路"建设为人民币国际化带来新机遇

2013 年，习近平主席提出共建丝绸之路经济带和 21 世纪海上丝绸之路的伟大倡议。作为世界上最长、最有潜力的经济大走廊，"一带一路"东联亚太经济圈，西系欧洲经济圈，经过众多国家和城市，涉及约 30 亿人。"一带一路"倡议建议沿线国家上至政策，下至基础设施，从贸易到资金，乃至民心，相互沟通融通，为构建沿途所有国家的繁荣而努力。

"一带一路"建设为国内沿途省份的发展提供了良机。从东南的福州、广州、湛江、海口等城市，到西部的西安、乌鲁木齐，从基建行业到旅游、金融、交通等服务业，"一带一路"建设使中国与古代丝绸之路和海上之路的友好国家更好地联系起来，为国内的发展提供丰富的市场和资源。同样，"一带一路"建设将作为人民币"走出去"战略的重要平台。从范围角度来看，"一带一路"建设的贸易将使"人民币投资与贸易圈"不断扩大，使人民币从周边化，推进至区域化，最后达到国际化。从职能来看，"一带一路"建设有利于中国输出人民币资本，推进人民币贸易结算功能，增加沿途国家对人民币的依存度和需求，使人民币发挥计价结算、投资储备的国际货币职能。

首先，人民币的结算功能将在"一带一路"建设中扩大。"一带一路"建设对中国的一大机遇是中国西部可以通过"一带一路"建设向外输送过剩产能，同时也能达到和沿途国家共享发展红利的目的。其中，过剩产能的输送离不开通路和通航。修建通往周边国家的公路、铁路是加速中国与周边国家商品贸易流转的基础。人民币作为支付结算货币可以减少汇兑成本。因此，人民币的支付结算将成为必然，这开阔了人民币周边化的前景。

其次，"一带一路"建设中使用人民币作为大宗商品计价结算货币将成为人民币周边化的突破口。"一带一路"建设将带动中国与沿途国家大宗商品交易，而中国有望通过国际期货市场商品合约价格以及同贸易伙伴之间的协商，获得大宗商品的定价权。从能源来看，"一带一路"建设经过中东石油输出国家，将加强中国与石油输出国家的贸易关系。中俄、中亚天然气管道，西南电力通道，中俄电力通道等基础建设有利于破除贸易壁垒，加深中国与"一带一路"建设中能源输出国的合作。

最后，旅游业的需求。"一带一路"建设将推动我国和中亚、东南亚等地区的旅游合作。国家积极鼓励和支持丝路旅游，将为中国带来高额收入。同时，也增加了丝路国家对人民币的需求，拓宽了人民币的交易结算渠道。

总之，"一带一路"建议为人民币"走出去"创造了良机。"一带一路"建设顺应经济全球化潮流，努力使各国同享全球化的红利。中国经济的持续发展让世界为之惊叹，作为制造业大国，中国有能力向其他国家输出物美价廉的商品和设备。并且，中国拥有巨大外汇储备，有实力进行海外投资，能携手大国共同应对金融风险。随着"一带一路"建设的加速推进，中国和沿线国家的经济文化等各方面交流将得到深化，人民币的跨境贸易结算地位将不断提高。

3.4.2 亚投行加速人民币周边化

亚洲是世界上最大的市场，其拥有全球60%以上的人口，地区生产总值占世界的20%～30%。但亚洲发展中国家的基础设施却很落后。基础设施建设资金需求巨大，是现在大力发展基础设施建设的重要障碍。据亚洲开发银行估算，2010—2020年，亚洲每年需要投入7 500亿美元用于基础设施建设，才能保障亚洲当前的经济增长水平。无论是以美国为中心的国际金融体系还是美日主导的亚洲开发银行，都无法满足如此大的资金需求。作为亚洲第一大经济体，中国倡议成立亚洲基础设施投资银行，将为维持亚洲共同发展提供了资金支持。

2013 年 10 月，中国领导人在出访东南亚的时候提出了筹建亚洲基础设施投资银行的倡议，得到了广泛的支持。2014 年 10 月 24 日，包括中国在内的 21 个首批意向创始成员国代表在北京正式签署《筹建亚投行备忘录》，决定成立亚洲基础设施投资银行。同年 11 月 28 日，筹建亚洲基础设施投资银行首次协商会议在云南昆明举行，为正式启动亚洲基础设施投资银行章程谈判做准备。2015 年 4 月 15 日，亚洲基础设施投资银行意向创始成员国确定为包括俄罗斯、韩国、英国、法国、德国等在内的 57 个国家，其中域内国家 37 个，域外国家 20 个。2015 年 2 月 25 日，《亚洲基础设施投资银行协定》正式生效，亚洲基础设施投资银行宣告成立。中国主导亚洲基础设施投资银行的成立，是中国第一次作为主动引领者参与经济全球化，这是对现有金融游戏规则的挑战，更是中国重塑国际金融体系的开始。亚洲基础设施投资银行是继世界银行和亚洲开发银行之后的又一大国际性金融组织，这将改变亚洲金融格局，同时也会对世界金融体系产生巨大影响。

亚洲基础设施投资银行的成立将助推人民币周边化和国际化的实现。首先，亚洲基础设施投资银行将为中国经济增长提供助力。我国作为亚投行份额最大的创始成员国，在满足亚洲各国基础设施建设中的资金和产能需求方面将扮演重要角色。中国在基础设施的建设以及基础设施装备的制造方面已经处于国际一流水平，在亚洲各国基础设施建设中，会使得我国的这部分产业进一步走出国门，从而拉动国内相关产业发展。亚洲基础设施的投资建设会促进我国相关行业的产品出口，从而拉动国内总需求，使得我国经济实力增强和国际地位得到提高，而我国经济实力的增强以及国际地位的提高无疑是人民币国际化的强大保障。其次，亚洲基础设施投资银行的成立将形成以人民币为核心的融资机制，人民币将在对外贷款和对外投资发挥更大的作用，这将有助于人民币成为亚洲国家的储备货币，减轻美元周期性贬值造成的损失，也能减轻我国外汇储备的压力。

4 人民币周边化的现状分析

中国经济的快速发展，大大提高了人民币在国际上的信誉度，同时人民币在周边国家和地区的流通及使用范围也越来越广泛。但是，人民币在周边区域内的国际化现状是怎样的呢？人民币开始执行交易媒介、价值尺度和储藏手段国际货币职能了吗？本章试图对以上两个问题进行回答。

4.1 周边区域内的跨境贸易人民币结算

4.1.1 中国与周边国家和地区的跨境贸易发展

人民币在周边区域内的流通，一方面是市场自发形成的，另一方面是政府的大力支持。目前，中国政府主要从扩大贸易人民币结算方面增加人民币在境外的流通，并因此颁布了一系列的关于人民币结算的政策。

4.1.1.1 国家关于人民币跨境贸易结算的政策措施

2008 年 12 月 24 日，国务院正式确定对广东和长江三角洲地区与港澳地区、广西和云南与东盟的货物贸易进行人民币结算试点。近年来，中国关于人民币贸易结算的相关政策多达 23 项，从个别城市试点开始，最后扩大到全国。2009 年 7 月 1 日，人民币结算试点正式启动。为便于试点企业和银行办理相关业务，为便利各项跨境人民币业务的顺利开展，2010 年 9 月 29 日，中国人民银行发布《境外机构人民币银行结算账户管理办法》，明确境外机构可申请开立人民币银行结算账户。为鼓励和扩大人民币跨境使用，上海自贸区内开展了各项跨境人民币业务创新试点。除了以上促进跨境贸易人民币结算的相关政策之外，我国还在很多国家内设立人民币清算行。在 2014 年 7 月 4 日，中国人民银行授权交通银行首尔分行担任韩国首尔人民币业务清算行。2015 年 1 月 5 日，中国人民银行又授权中国银行（马来西亚）有限公司和中国工商银行（泰国）有限公司分别担任吉隆坡人民币业务清算行和曼谷人民币业务清算行。

4.1.1.2 中国与周边国家和地区的经贸往来

中国与周边国家的贸易额在逐年增加（见表4.1）。2010至2014年，中国与周边23个国家的贸易额分别达到9 582亿美元、11 608.2亿美元、12 009.4亿美元、12 499.1亿美元和13 116.1亿美元，平均年增长率达到8.4%，并分别占中国与亚洲总贸易额的61.2%、61%、58.7%、56.2%和57.8%。其中，日本、韩国和马来西亚是与中国产生贸易额最大的三个国家，三个国家的贸易额平均占中国与整个亚洲贸易额的34%。

表 4.1　　　中国同周边国家和地区五年内的进出口贸易额　单位：亿美元

国家（地区）	2010 年	2011 年	2012 年	2013 年	2014 年
阿富汗	1.79	2.34	4.69	3.38	4.11
不丹	0.02	0.17	0.16	0.17	0.11
文莱	10.32	13.11	16.26	17.94	19.37
缅甸	44.42	65.01	69.72	101.96	249.69
柬埔寨	14.41	24.99	29.23	37.73	37.58
朝鲜	34.72	56.41	60.36	65.58	63.88
印度	617.61	739.08	664.73	654.03	705.76
印度尼西亚	427.50	605.55	662.34	683.55	635.45
日本	2 977.80	3 428.34	3 294.56	3 123.78	3 123.12
老挝	10.85	13.01	17.21	27.33	36.17
马来西亚	742.49	900.23	948.32	1 060.83	1 020.06
蒙古	40.02	64.33	66.01	59.59	73.18
尼泊尔	7.43	11.95	19.98	22.54	23.31
巴基斯坦	86.69	105.58	124.14	142.16	159.98
菲律宾	277.62	322.47	363.75	380.50	444.58
新加坡	570.76	637.10	692.73	758.96	797.40
韩国	2 071.15	2 456.26	2 564.15	2 742.38	2 904.42
泰国	529.37	647.34	697.51	712.41	726.21
越南	300.86	402.08	504.39	654.78	836.36
哈萨克斯坦	204.49	249.61	256.82	285.96	224.52

表4.1(续)

国家（地区）	2010 年	2011 年	2012 年	2013 年	2014 年
吉尔吉斯斯坦	42.00	49.76	51.62	51.38	52.98
塔吉克斯坦	14.33	20.69	18.57	19.58	25.16
俄罗斯	555.33	792.73	882.11	892.59	952.70
中国香港	2 277.06	2 835.45	3 416.09	4 011.02	3 761.43
中国台湾	1 452.88	1 599.61	1 689.63	1 971.62	1 985.93
中国澳门	22.56	25.14	29.85	35.64	38.16

数据来源：IMF，Direction of trade。

中国与周边国家和地区贸易额的增加，随之而来的就是跨境贸易人民币结算量的上升。近年来在国家政策的大力推动下，跨境贸易人民币结算比例逐年提高，特别在是中国与周边国家和地区的贸易之中。表4.2列出了2006年在中国与周边一些国家的贸易中人民币的结算比例。从中可以看出，中越贸易和中缅贸易、中蒙贸易和中朝贸易的顺利推进会导致人民币在这些国家内的大规模流通。

表 4.2　　　2006 年中国与周边一些国家贸易中人民币结算比例　　　单位:%

国别	越南	缅甸	蒙古	朝鲜	俄罗斯	哈萨克斯坦	尼泊尔
比例	96	90	71	79	0.002	0.002	5.43

资料来源：李东荣. 人民币跨境计价结算：问题与思考［M］. 北京：中国金融出版社，2009：14.

4.1.2　中国边贸发展与人民币的计价结算

为进一步说明跨境贸易中人民币结算情况，本部分以边境贸易为例，对边贸人民币结算进行深入分析。

随着中国改革开放的逐步推进，我国周边的一些省（区）与所接壤的国家之间的边贸发展迅速壮大起来，这不仅对这些地区经济的发展发挥了重要作用，也对人民币的国际化起到了一定的推动作用。因为处于贸易方便性考虑，双方货币会成为边境贸易结算的重要选择，人民币凭借自身的优势，在边贸发展中多是作为双方交易的计价结算货币。

4.1.2.1　中国边境贸易概况

中国内陆边境线漫长，共有 2.2 万千米，沿边界线分布着辽宁、吉林、黑龙江等 9 个省区的 135 个县（市、市辖区），基本涵盖了中国大西部版图，容括了 107 个少数民族自治地方。边界线外侧分别与朝鲜、越南等 15 国接壤，是世界上陆地边界线最长、周边邻国最多的国家之一。从地理位置上看，中国内陆边界线大体可分为三段，即东北部边界线段、西北部边界线段和西南部边界线段（见表 4.3）。

表 4.3　　　　　　　　　　　　中国边境主要贸易伙伴国

	省（区）	中国边境主要贸易伙伴国
中国东北边境地区	辽宁	朝鲜
	吉林	朝鲜、俄罗斯
	黑龙江	俄罗斯
	内蒙古	俄罗斯、蒙古
中国西北边境地区	甘肃	蒙古
	新疆	俄罗斯、哈萨克斯坦、吉尔吉斯斯坦、塔吉克斯坦、巴基斯坦、印度、阿富汗
中国西南边境地区	西藏	印度、尼泊尔
	云南	越南、老挝、泰国、缅甸
	广西	越南

中国东北边境地区位于中国东北和北部，亚洲正东部，是沟通欧洲和亚太地区的连接地，边境线长达 8 978 千米。东北部边界线段毗邻朝鲜、俄罗斯、蒙古国东部，共包含三个省边境地区。①辽宁省边境地区。它位于我国东北地区南部，边境线 303 千米，是同时具有沿边、沿江、沿海的边境地区。从 20 世纪 50 年代开始，辽宁省商业厅所属的辽宁省边境贸易公司就与朝鲜的鸭绿江贸易会社、大同支社、粮食支社等发生易货贸易关系，1967 年以后中断。80 年代初，经朝鲜方面提议，辽宁省请示国务院批准，与朝鲜平安北道于 1982 年 2 月签订《关于中华人民共和国辽宁省与朝鲜民主主义人民共和国平安北道边境地方易货贸易的会议纪要》。此后，中朝两国在丹东口岸的边境贸易，进入了快速发展的时期。②吉林省边境地区。吉林省边境地区共 10 个县、市，位于我国东北地区东南部，与俄罗斯、朝鲜有着 1 430 千米的边界线。吉林省与朝鲜的边境贸易开始于 1954 年，至今已有 60 多年。1954 年经国务院批准吉林省对朝鲜开展边境小额贸易，到 1970 年因文革双方易货贸易中止。1981 年，国务院再次批准恢复吉林省对朝鲜的边境小额贸易。③黑龙江省边

境地区。黑龙江省边境地区包括 18 个县、市，位于我国东北部，北部隔黑龙江、东部隔乌苏里江与俄罗斯远东地区相望，在 3 045 千米的边界线上，双方有近 20 对对应城镇。黑龙江与俄罗斯远东地区的边境贸易历史悠久，中华人民共和国成立后，黑龙江省作为国家对苏联经贸合作的重点地区，边境贸易得到了恢复和发展，20 世纪 50 年代，苏联援建我国的 156 项重点工程有 22 项建在黑龙江省。④内蒙古边境。内蒙古自治区边境地区 18 个旗、市，地处中国东北和北部，与俄罗斯、蒙古交界，边境线 4 200 千米。1947 年 5 月，内蒙古自治区成立后，为了适应解放战争的需要，发展了对苏联和蒙古的边境贸易。中华人民共和国成立后，内蒙古自治区对苏联、蒙古国的边境贸易进入了新的发展时期。到 20 世纪 60 年代，边境贸易已达到一定规模。后因国内外种种因素影响，边境贸易出现了停滞状态。1982 年中苏两国的对外贸易部达成协议，恢复了中断多年的边境贸易。1983 年正式恢复中苏边境贸易。在 1985 年 10 月，中蒙两国也恢复了地方边境贸易。

中国西北边境地区位于中国西北边陲，亚欧大陆腹地，边境线长达 5 465 千米。其区域范围包括甘肃省 1 个边境自治县、新疆维吾尔自治区 33 个边境县、自治县、市。①甘肃省边境地区。甘肃省边境地区包括肃北蒙古族自治县，地处中国西北，河西走廊西北部。1921 年，蒙古脱离中国宣布独立，这里才成为中蒙边界。1962 年正式划定边界，边界线长 65 千米。由于边界两侧是半荒漠草原和戈壁大漠，人烟稀少，因此民间边境贸易量很小。由于历史的原因，中华人民共和国成立前夕，甘肃省边境地区的边民交往和边境贸易断绝。中华人民共和国成立后，边民之间有少量往来。20 世纪 60 年代以后，边境两侧成为军事禁区，边境贸易再次中断。20 世纪 80 年代以来，边民往来和边境贸易开始缓慢恢复。②新疆维吾尔边境地区。新疆维吾尔自治区边境地区包括 33 个县市，边境线长达 5 400 千米。新疆自古以来就是我国与南亚、中亚、中东、地中海、非洲及欧洲进行经济交往的主要陆上通道。"丝绸之路"的开辟，使新疆地区的喀什、库车、伊犁等地区变成重要的商业城镇。中华人民共和国成立后，新疆 12 个口岸全部对苏联开放。新疆边境地区与巴基斯坦、印度、阿富汗的边境贸易，始于 2000 年前的"丝绸之路"。红旗拉甫口岸就是当年丝绸之路的驿站。19 世纪 20 年代，许多英国人、印度人到喀什地区来经商。新疆通往印度的列城、吉尔吉特、齐查尔三个口岸也同时开放。随着中苏关系的改善和苏联解体，新疆与周边国家的边境贸易又蓬勃发展起来。

中国西南边境地区位于中国西南边陲，亚洲南部，边境线长达 8 880 千米，其区域范围包括西藏 21 个边境县市，云南 27 个边境县、自治县、市，广西 7 个边境县市。①西藏自治区边境地区。西藏自治区边境地区边境线长达3 800 多千米，与毗邻国家山水相连，边境贸易历史源长。公元 7 世纪之前，随着佛教的传人，处于原始社会末期的吐蕃与天竺（今印度）、尼婆罗（今尼泊尔）等国就开始了边境贸易。中华人民共和国成立后至 20 世纪 80 年代初，西藏主要是与印度、尼泊尔进行边境贸易。②云南省边境地区。云南省边境地区地处祖国西南边陲，西与缅甸毗邻，南与越南、老挝接壤，边境线长 3 207千米，其中中缅边界线长 1 997 千米，中老边界线长 500 千米，中越边界线长710 千米。云南省边境地区有 80 多条陆上通道通往周边邻国，是古代"南方丝绸之路"的出境通道。云南与缅甸的边境贸易从未间断。③广西壮族自治区边境地区。广西壮族自治区边境地区地处祖国南疆，西南与越南接壤，陆上边境线长 1 020 千米，是我国西南地区最便捷的出海大通道。广西的边境贸易早在宋朝以前就开始了。中华人民共和国成立后，中越边贸继续发展。1953年，我国与越南签订贸易合同，建立国家贸易关系。两国商定，开放广西凭祥、东兴、龙州等边境城镇，与越南开展边贸。1979 年，中越边贸中断。广西壮族自治区政府于 1982 年 9 月在我方边境线一侧开辟了 9 个"草皮街"，非正式允许越南边民前来参加交易。1988 年 4 月，广西又单方面在我方边境线一侧开辟弄尧、浦寨、平而、油隘 4 个边贸互市点。1989 年，越南单方面决定开放边境，成千上万越南边民涌入我国广西边境地区，在 100 多个边境点上进行贸易。广西壮族自治区人民政府采取措施，强化管理，使边境贸易走上了正轨。

4.1.2.2 当前中国边贸的发展

边境贸易有两种形式：边民互市贸易和边境小额贸易。与小范围的边民互市贸易相比，边境小额贸易是一种更加正规化和规范化的贸易形式，其作为中国边贸的重要组成部分，是中国边贸进出口量的主要来源。

近年来，随着国家政策的鼓励与地方政府的大力支持，边境小额贸易稳步快速发展。根据中国海关的统计，2005 年边境小额贸易进出口总量为 1 313 亿美元，2014 年增长到 4 706 亿美元，增长了 2.5 倍多。其中出口量远远多于进口量，并且增长速度快，2005 年边境小额贸易的出口量仅为 74.1 亿美元，这一数据到 2014 年变为 372.1 亿美元，增长了 4.1 倍。从表 4.4 中可以看出，边境小额贸易总额和出口量除了在 2009 年受到金融危机的冲击有所下降外，其余年份都有不同程度的增长。中国边境小额贸易中的进口额规模较小，在2012 年达到最大值，为 152.9 亿美元，占当年小额贸易总额的 38.7%；2012和 2013 年连续两年下降；2014 年的进口量为 98.6 亿美元，与 2005 年相比仅增长了 72.4%（见表 4.4）。

表 4.4　　　2005—2015 年中国边境小额贸易进出口量及增长率

单位：亿美元

年份	进出口		进口		出口	
	总额	增长率（%）	总额	增长率（%）	总额	增长率（%）
2005	131.3	38.6	57.2	13.4	74.1	67.2
2006	161.6	23.0	62.1	8.6	99.4	34.2
2007	213.3	32.0	75.9	22.1	137.4	38.2
2008	308.8	44.9	89.8	18.1	219.0	59.8
2009	208.6	-32.4	72.0	-19.9	136.7	-37.6
2010	260.4	24.3	96.3	33.8	164.1	19.4
2011	346.5	33.0	144.5	49.9	202.0	23.1
2012	395.0	14.0	152.9	15.8	242.2	19.9
2013	449.9	13.9	140.7	-8.0	309.3	27.7
2014	470.6	4.6	98.6	-29.9	372.1	20.3

资料来源：根据中国海关网历年数据整理所得。

在实践中，众多的边境地区经济合作区已成为我国边贸发展的重要载体。自 1992 年以来，经国务院批准的边境经济合作区有 16 个，详见表 4.5。边境经济合作区通过完善口岸基础设施和通关能力建设，丰富对外经贸和人员往来的形式与内容，提升与周边国家的开放合作水平，使开发区的对外贸易和外资利用规模日益扩大。2010 年，边境合作区进出口总额达 95 亿美元，实际利用外资 4.1 亿美元；同年边境经济合作区实现地区生产总值 390 亿元，工业增加值 145 亿美元，工业总产值 455 亿美元，出口 50 亿美元，税收收入 41 亿美元。以珲春边境经济合作区为例，其是 1992 年 9 月经国务院批准设立的国家级边境经济合作区，规划面积 21.77 平方千米。2014 年全区实现地区生产总值 84 亿元，同比增长 13.5%；全口径财政收入 3.8 亿元，同比增长 31.8%；工业总产值 195 亿元，同比增长 14.7%；固定资产投资 61.2 亿元，同比增长 15%；进出口总额 11.5 亿美元，同比增长 16.2%。2015 年上半年，全区完成地区生产总值 42.31 亿元，同比增长 8.2%；工业总产值 100.96 亿元，同比增长 11.4%；全口径财政收入 1.99 亿元，同比增长 44.4%；固定资产投资 19.55 亿元，同比增长 19.9%；进出口总额 4.5 亿美元，与去年基本持平。

表 4.5　　　　　　　　　　　　国家边境经济合作区

省（区）及数量	国家边境经济合作区
内蒙古 2 个	满洲里边境经济合作区、二连浩特边境经济合作区
辽宁 1 个	丹东边境经济合作区
吉林 1 个	珲春边境经济合作区
黑龙江 2 个	黑河边境经济合作区、绥芬河边境经济合作区
广西 2 个	凭祥边境经济合作区、东兴边境经济合作区
云南 4 个	畹町边境经济合作区、河口边境经济合作区
	瑞丽边境经济合作区、临沧边境经济合作区
新疆 4 个	伊宁边境经济合作区、博乐边境经济合作区
	塔城边境经济合作区、吉木乃边境经济合作区

资料来源：中华人民共和国商务部。

4.1.2.3　边贸中的人民币计价结算状况

关于我国边境贸易的发展，国家出台了一系列支持性政策，中间也不乏在边贸中推行人民币计价结算的相关政策文件。2003 年，国家外汇管理局发布的《边境贸易外汇管理办法》强调"边贸企业或个人与境外贸易机构进行边境贸易时，可以用可自由兑换货币、毗邻国家货币或者人民币计价结算"，这明确解决了边贸使用人民币结算的问题。2010 年 4 月，财政部与国家税务局又联合下发《关于边境地区一般贸易和边境小额贸易出口货物以人民币结算准予退（免）税试点的通知》，规定自 2010 年 3 月 1 日起，决定将边境小额贸易出口货物以人民币结算退（免）税政策扩大到边境省份与接壤邻国的一般贸易。

多年来，在国家相关政策的大力推动下，边贸中的人民币结算稳步推进，主要省（区）边贸中的人民币结算比例相当高，特别是广西与越南之间的中越贸易、云南与缅甸之间的中缅贸易等。但在一些省（区）边贸中的人民币结算比例还很低，如黑龙江与俄罗斯之间的中俄贸易、新疆与中亚五国之间的贸易。自 2009 年 7 月 1 日，国家正式推出跨境贸易人民币结算以来，边贸规模总量稳定增长，同时边贸中的人民币结算范围与规模也得到进一步的扩大。近年来边贸中的人民币计价结算情况见表 4.6。

表 4.6   中国边贸中的人民币计价结算情况

省（区）	结算情况	资料来源
新疆	新疆的边境贸易对象主要为中亚各国，美元成为最常用的结算币种。据对 141 家企业和 219 名个人的调查问卷统计，境内企业在与周边国家进行边境贸易结算时，86.5%的企业会首选美元结算，仅有 8.5%的中国企业首选人民币结算	中国人民银行新疆调组.新疆地区边境贸易人民币结算问题的调查与思考[N].金融时报，2009-08-10.
广西	广西的边境贸易对象主要是越南。2010 年 6 月，辖区开展了跨境人民币结算业务试点，银行边境结算业务演变为跨境人民币结算业务，跨境人民币结算占比 98%。2012 年，东兴边境贸易成交额达 141.54 亿元人民币，边境小额贸易企业 300 余家，从事互市贸易的边民有 1 万多人	徐友仁.广西东兴：跨境人民币结算助推边贸繁荣[N].金融时报，2013-10-10.
吉林	吉林的主要边贸对象是朝鲜和俄罗斯。目前，中朝边贸结算币种以人民币为主。总体看，73.3%的企业使用过人民币进行贸易结算，66.7%的企业把人民币作为主要结算货币。对于中俄贸易，由于俄罗斯卢布是可兑换货币，在中俄贸易中主要以卢布作为结算货币	李香花.中朝贸易及跨境人民币结算问题研究[J].吉林金融研究，2012（12）：35-39.
辽宁	2008 年 3 月，丹东建行分别向人民银行和海关提出了《办理中朝两国银行间边贸结算人民币现钞进出境》的业务申请，同年 10 月获得了批准，这无疑为跨境人民币结算提供了可靠保障。丹东地区建行办理的对朝人民币结算量分别为 2008 年 135 万元、2009 年 2087 万元、2010 年 9 月末 9522 万元。由此可见，人民币在边贸结算中已占据了越来越重要的地位	丹东市政府网站.丹东地区对朝人民币结算现状及发展[EB/OL]（2011-10-25）.http：//www.dandong.gov.cn/a/bumen-dongtai/2011/1025/767.html.
内蒙古	2002 年 2 月，对蒙古的人民币结算正式开通。2009 年，人民币结算量为 99.4 亿元，占总结算量的 78.53%，2010 年，人民币为 172.96 亿元，比上期增长 83.22 个百分点	李英俊，贾树花.中蒙跨境贸易结算中人民币流动状况的调查与思考——以锡盟二连浩特口岸为例[J].银行家，2011（11）128-129.

表4.6(续)

省（区）	结算情况	资料来源
黑龙江	2003—2008 年的人民币结算业务量增长了54 倍，人民币结算量占对俄贸易比重也从2003 年的 0.5% 逐年上升到 2008 年的7.1%。2012 年，黑龙江省对俄人民币结算量首次超过卢布，达到30.8 亿元，同比增长168%，占中俄本币结算总量的57%，较上年同期增长32.2 个百分点。2013 年，黑龙江省对俄人民币结算量仍然超过卢布，达32.9 亿元，同比增长 12.5%，占中俄本币结算总量的 56.5%	孙少岩，马玥竹.浅析中俄跨境人民币结算［J］.吉林金融研究，2014（12）：48-55.
云南	2014 年，中央正式批准云南边贸企业可以使用人民币结算。2005 年，云南省的人民币边境贸易结算总额实现27 亿元，以人民币进行结算的贸易额占其边贸总额的比重高达85%，2006 年和 2007 年，云南省的人民币结算贸易额占其边境贸易总额的比重达到了90%以上，2011 年、2012 年、2013年和 2014 年人民币结算量分别突破200 亿元、400 亿元、500 亿元和 700 亿元，年均增速超过60%	《时代金融》编辑部.云南跨境人民币结算步入快车道［J］.时代金融，2016（01）：16-24.

4.2　人民币在周边区域内的金融交易

4.2.1　人民币对外直接投资的起步与发展

人民币对外投资是人民币实施"走出去"战略的重要内容。跨境贸易的本币结算时人民币通过贸易渠道"走出去"，扩大人民币的境外使用，而人民币对外投资则是借助资本项目渠道推动人民币的跨境流动与使用。

4.2.1.1　人民币对外直接投资的背景

人民币对外直接投资从政策层面上升到实际操作方面，其基本背景是人民币国际化进程的加速推进。但从真正推动人民币直接投资的起因看，乃是人民币的持续升值以及中国国际收支"双顺差"而产生的国际贸易摩擦的增多。

自 2005 年汇率改革以来，人民币升值幅度明显。人民币汇率升值在一定程度上促进了国际投资者对人民币的需求。在贸易摩擦方面，随着中国出口规模的扩大，近年来中国与贸易伙伴之间的摩擦不断。据商务部统计，2008 年中国出口产品共遭受到来自 21 个国家和地区的 93 起贸易调查，涉案总金额约为 61.4 亿美元。2012 年，中国遭受来自 21 个国家发起的贸易救济调查 77 起，涉案金额达 277 亿美元，同比增长 11.6% 和 369.5%。调查案件的增多以及涉及金额的巨大，成为近几年来中外贸易摩擦的重要特点。

面对人民币升值趋势以及中国出口遭遇到的越来越多的贸易，通过放松人民币境外直接投资，正是人民币实施"走出去"战略的重要步骤。一方面，人民币升值为人民币直接投资提供了条件，人民币汇率的坚挺与其他货币价值不稳定，为人民币的对外直接投资提供了机遇。另一方面，越来越多的中外贸易摩擦反映出国外越来越多的贸易保护政策，中国企业通过人民币进行的对外投资，促进了本国企业走出国门，开拓国际市场。

4.2.1.2　人民币对外直接投资的起步与发展

2010 年 10 月，中国人民银行公布《新疆跨境直接投资人民币结算试点暂行办法》，标志着以人民币计值的对外直接投资的正式开放。2010 年 11 月 18 日，东亚银行有限公司宣布，已成功在新疆完成首宗跨境人民币直接投资。随着跨境贸易人民币结算的顺利推进，跨境投资人民币结算也全面开展。2011 年，中国人民银行发布了两项相关管理办法，规定允许境内机构用人民币直接对外投资，也允许境外投资者到境内开展人民币直接投资。这两个管理办法的颁布标志着跨境人民币业务范围从贸易等经常项目扩展至资本项目。2013 年 9 月 23 日，中国人民银行发布《中国人民银行关于境外投资者投资境内金融机构人民币结算有关事项的通知》，明确境外投资者在取得金融监管部门批准后，可使用人民币投资境内金融机构，相关人民币资金结算手续可直接到银行办理。

跨境直接投资人民币结算业务开展以来，取得了优异的成绩。2014 年，跨境直接投资人民币结算金额 1.05 万亿元，比 2013 年的 5 337.4 亿元增长了 88%。其中，人民币对外直接投资结算金额 1 865.6 亿元，同比增长 118%；外商直接投资结算金额 8 620.2 亿元，同比增长 92%。与 2011 年相比，直接投资人民币结算总额增加了 9 377.1 亿元，在 3 年内增长了 8.5 倍（见表 4.7）。从跨境直接投资人民币结算的组成情况来看，外商直接投资结算金额远远大于人民币对外直接投资结算额。其中 2014 年的外商直接投资结算金额占跨境直接投资人民币结算总额的 82.2%。

表 4.7   **直接投资人民币结算情况**   （单位：亿元）

	跨境直接投资人民币结算		人民币对外直接投资结算		外商直接投资结算金额	
	总额	增长率	总额	增长率	总额	增长率
2011 年	1 108.7	—	201.5	—	907.2	—
2012 年	2 840.2	156%	304.4	51%	2 535.8	180%
2013 年	5 337.4	88%	856.1	181%	4 481.3	77%
2014 年	10 485.8	96%	1 865.6	118%	8 620.2	92%

资料来源：中国人民银行。

随着人民币对外直接投资金额的逐年增加，其占中国对外直接投资总额的比例也在逐年提高，并且人民币对外直接投资金额的增加速度快于中国对外直接投资总额的增长速度。2011 年，以人民币结算的直接投资额为 201.5 亿元，占中国对外直接投资总额 4 821.76 亿元的 4.18%。这一比例在 2014 年变成了24.7%，增长了近 5 倍（见图 4.1）。

图 4.1 以人民币结算的对外直接投资占中国对外直接投资的比重（单位：亿元）

资料来源：中国统计局、中国人民银行。

图 4.2 显示了中国对周边区域的直接投资额。从中可以看出，中国对外直接投资的 70% 左右都分布在周边区域内，这意味着以人民币结算的对外直接投资很大一部分流向了中国周边区域内。

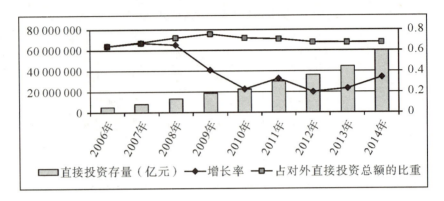

图 4.2　中国在周边国家和地区的直接投资额

数据来源：根据《2014 年度中国对外直接投资统计公报》计算所得。

借助对外直接投资方式，人民币将在国际收支的经常项目之外，开辟资本和金融项目下的流出入渠道。在中国资本和金融项目逐步开放的过程中，人民币直接投资也将会促进资本和金融项目下资金流动限制的进一步放松，这对人民币国际化具有直接的推动作用。另外，人民币对外直接投资也会逐步增大境外人民币存量，促进跨境贸易的本币结算，而境外企业通过人民币对内的直接投资，既可以降低通过美元等国际货币形成的外汇流入对中国外汇储备增长的压力，又可以在贸易结算外增加境外企业与投资者对人民币的资金运用，进一步增强境外人民对人民币的接受程度与使用频率。

4.2.2　周边人民币债券发行

推进海外人民币债券发行是人民币融进国际金融市场的一个重要手段，国家也大力支持，但是由于我国对海外人民币债券的发行以及合格境外投资者的监管比较严格，得到审批很不容易。2010 年 8 月 17 日，中国人民银行发布通知，允许境外中央银行、港澳人民币业务清算行和跨境贸易人民币结算境外参加银行使用获得的人民币资金投资银行间债券市场。

离岸市场是人民币债券发行的主要场所。2007 年 6 月，人民银行和国家发展和改革委员会发布《境内金融机构赴香港特别行政区发行人民币债券管理办法》，允许商业银行经人民银行和国家发展和改革委员会核准后在港发行人民币债券。香港人民币债券市场建立初期，在 2007—2009 年的年均发债量只有 120 亿元。2010 年后，随着香港人民币资金池子的不断扩大，截止到

2014 年，香港累计发行人民币债券 6 141 亿元①。图 4.3 显示了香港离岸人民币债券的规模。香港离岸人民币债券市场经过一段时间的高速增长出现放缓迹象。2015 年，人民币债券发行规模达 3 506 亿元，比前年下降了 19.3%，是 2007 年以来的首次下滑。这是因为对中国内地企业而言，中国内地的一连串货币宽松政策使在岸市场债券发行更具有吸引力，同时，为了发展国内债券市场，中国内地政府也放宽了对公司债券发行的管制，这使得更多内地企业选择在岸市场发行债券。尽管如此，海外发行人在离岸市场发行人民币债券依然很活跃，其发行额在 2015 年增加了 25.1%，至 1 024 亿元。虽然人民币债券发行总额在 2015 年有所下降，但是由于到期债务少于新发行债务，香港市场的人民币债券余额在 2015 年仍然是增长的，达 6 597 亿元。

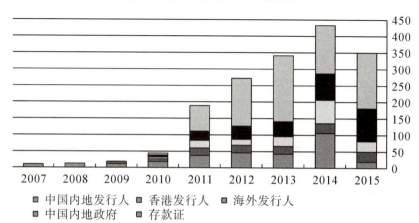

图 4.3　香港人民币债券发行规模及发行机构（单位：十亿元人民币）

资料来源：香港金管局《货币与金融稳定情况半年度报告（2016 年 3 月）》。

台湾地区自 2013 年 2 月开放人民币债券（宝岛债）市场，此后该债券市场发展迅速，几年来吸引不同地区及背景的发行人参与，发行量亦呈逐年上升的趋势。2013 年，宝岛债券共发行 13 笔，发行总额 106 亿元人民币，中资发行人发行总量达 67 亿元，占总发行量的 63%。2014 年，宝岛债券共发行 31 笔，总发行金额为 208 亿元人民币，中资发行人发行总量达 163 亿元，占总发行量的 78%。截至 2015 年 9 月底，宝岛债累计发行金额 299 亿元人民币，中资发行人发行总量只有 30 亿元，占总发行量的 10%。由于 2013—2014 年多家中资银行充分利用了宝岛债市场融资，2015 年增发的需求不大，该年中资发债占比下降。

---

① 数据来源于中国人民银行。

4.2.3 人民币合格境外机构投资者

人民币合格境外机构投资者（RQFII），是指经主管部门审批的境内基金管理公司、证券公司的香港子公司，可以运用在香港募集的人民币资金开展境内证券市场投资业务。2011年8月，国务院总理李克强首次提出"允许以人民币境外合格机构投资者方式投资境内证券市场"，2011年12月16日，《基金管理公司、证券公司人民币合格境外机构投资者境内证券投资试点办法》的发布标志着人民币合格境外机构投资者（RQFII）试点业务正式启动。在2013年3月6日，中国证监会发布相关文件，将试点机构类型扩大至境内商业银行、保险公司等香港子公司或注册地及主要经营地在香港地区的金融机构。而且还放宽了投资范围限制，允许试点机构可以根据市场情况自主决定产品的类型。

随着RQFII制度的实施，RQFII获批投资额迅速增加，获得RQFII的合格境外机构数也随之大幅度增加。从图4.4可以看出，2014年，95家合格境外机构获得2 997亿元的投资额度，比2012年增加了2 327亿元的额度，合格境外机构数增加了69个。

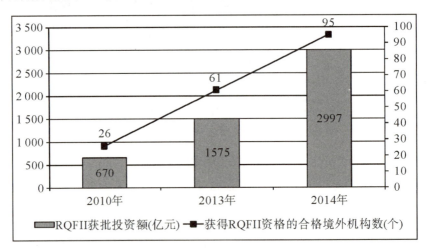

图4.4 RQFII获批投资额及机构情况

资料来源：中国人民银行年报。

4.2.4 人民币与外币直接交易

近年来，中国人民银行积极推动人民币与周边国家的货币直接交易（见

表 4.8）。除了人民币对外币的直接交易，中国外汇交易中心还推出了人民币兑哈萨克斯坦坚戈的银行间市场区域交易。人民币对外币直接交易日益活跃，成交快速增长，2014 年，人民币对外币直接交易共成交 10 482 亿元，在银行间外汇市场即期交易中占比为 4.7%，其中，中国周边国家货币直接交易量达 7 692 亿元（见表 4.9）。开展直接交易以来至 2014 年年末，人民币直接交易日均成交 102.22 亿元，与各币种推出直接交易前一年的日均成交 12.12 亿元人民币相比，提升了 8.4 倍。

人民币直接交易可以降低汇兑成本，提高价格的透明度，促进我国外汇市场的发展，服务于实体经济，并有助于增强汇率弹性，推动人民币汇率市场化形成机制改革。

表 4.8　　　　　　　中国与周边国家开展货币直接交易情况

时间	货币直接交易国家
2010 年 8 月 19 日	银行间外汇市场开办人民币对林吉特交易
2010 年 11 月 22 日	银行间外汇市场开办人民币对俄罗斯卢布交易
2012 年 6 月 1 日	银行间外汇市场开展人民币对日元直接交易
2014 年 10 月 28 日	银行间外汇市场开展人民币对新加坡元直接交易
2014 年 12 月 1 日	韩国外汇市场启动人民币对韩元直接交易

资料来源：中国外汇市场。

表 4.9　　　2014 年银行间外汇即期市场人民币对各种币种的交易量

（单位：亿元人民币）

币种	日元	港元	新加坡元	林吉特	俄罗斯卢布	泰铢	坚戈
交易量	4 551	2 031	838	12	255	2	3

资料来源：《2015 年人民币国际化报告》。

4.3　人民币货币锚地位检验

成为其他货币汇率的货币锚，是国际货币的一项重要职能。在人民币成为周边国家和地区内的贸易结算货币和投资货币的过程中，如果也能承担起某种货币锚的功能，这对于人民币的周边化来说，是一个重要进展。

4.3.1　人民币与周边经济体货币的联动关系

李晓、丁一兵（2009）提出，要分析人民币成为区域内锚货币的可能性，应该首先分析人民币汇率波动与区域内经济体货币汇率波动之间的联动关系。对于人民币与周边经济体货币之间的联动关系，由于我们关注的更多是汇率的变动趋势，而不是汇率变动的大小，因此，本节采用各汇率对瑞士法郎日汇率的相关系数来考察这一关系。同时考虑到外部经济金融环境的变化等因素，分阶段考察人民币与周边经济体货币的联动关系（见表 4.10）。

表 4.10　人民币与周边国家其他货币对瑞士法郎汇率的相关系数

	2005.7.21—2008.9.15	2008.9.16—2015.12.31
日元	0.459 0	0.099 8
卢布	0.718 2	0.049 4
图格里克	0.760 9	0.210 2
坚戈	0.743 1	0.483 5
阿富汗尼	−0.014 0	0.228 7
巴基斯坦卢比	0.472 7	0.103 2
印度卢比	0.707 7	0.392 8
尼泊尔卢比	0.609 0	0.542 1
不丹卢比	0.665 3	0.311 4
缅元	0.698 2	0.305 8
泰铢	0.657 6	0.307 0
柬埔寨瑞尔	0.791 9	−0.002 7
老挝吉普	0.922 7	0.918 6
越南盾	0.750 3	0.743 3
林吉特	0.774 1	0.417 8
文莱元	0.752 6	0.714 1
印尼盾	0.754 7	0.110 8
新加坡元	0.757 1	0.713 7
菲律宾比索	0.231 3	0.804 3
韩元	0.654 2	0.574 8
朝鲜元	0.591 1	0.895 3

注：由于篇幅限制，本书并没有显示出周边国家货币汇率之间的相关系数。

从表 4.10 中可以看出，2008 年全球金融危机之后，周边国家货币对瑞士法郎汇率的相关系数普遍小于危机前的相关系数。这是因为危机后，中国调整了其汇率制度，事实上人民币又重新钉住美元，维持了人民币币值的相对稳定。而中国周边其他国家由于受到经济冲击，货币不同程度地都出现了贬值，因此人民币与周边经济体货币汇率的正相关度均下降了很多。此时，人民币的币值稳定对周边货币秩序稳定起了积极的作用，意味着人民币有可能充当区域内可能的锚货币。在 2005 年 7 月至 2008 年金融危机爆发前的这一阶段，由于人民币经过汇率改革，实行参考一揽子货币的有管理的可浮动的汇率政策，很多周边国家的货币追随人民币升值，因此，相关系数较大。

4.3.2 人民币在周边国家的货币锚地位检验

4.3.2.1 模型构建

Frankel 和 Wei（1994）在研究东亚经济体汇率安排的参考标准是否由美元变为日元时，提出了一个能够测算一国货币与锚货币联系程度的外部货币锚模型。假设一国货币汇率是由一篮子货币决定的，通过选择一种不在货币篮中存在的外部货币，即标准货币作为汇率波动的衡量标准，则某一货币对本国货币的影响可以用该货币对外部货币的波动解释本币对外部货币波动的那部分来表示。

$$\Delta \log Y_t = \alpha_0 + \sum \alpha_i \Delta \log X_t + \mu_t \qquad (4.1)$$

其中，$\Delta \log Y_t$ 表示本币对标准货币的汇率在 t 时期自然对数的一阶差分，$\Delta \log X_t$ 表示本币隐含货币篮子中的货币 X 对标准货币的汇率在 t 时期自然对数的一阶差分，β_1 代表该货币对本币汇率变动的影响大小，即该货币在本币隐含货币篮子中的权重。

4.3.2.2 变量选择及研究方法

鉴于美国、欧元区、日本、韩国与亚洲经济体的贸易往来比较密切，并且美元、欧元、日元和韩元既是自由浮动货币，也是亚洲经济体对外贸易中常用的计价货币，同时，本节又是考察人民币的货币锚地位变化，因此，本书以美元（USD）、欧元（EUR）、人民币（CNY）、日元（JPY）和韩元（KRW）作为中国周边区域内经济体货币汇率变化可能参考的一篮子货币。

关于标准货币的选择，现有研究多是选择瑞士法郎和特别提款权作为标准货币。但是，自 2011 年 9 月，瑞士法郎开始与欧元挂钩，而本书选取的货币篮子中包含欧元，因此在本书中，瑞士法郎不再适合作为标准货币。而且，特别提款权是以美元、欧元、日元、英镑以及被正式纳入的人民币等一篮子货币构成一种计价单位，它也不适合作为本书的标准货币。本书参考 Masahiro Kawai 和 Victor Pontines（2014）[①] 的做法，选择新西兰元作为标准货币，因为新西兰是一个小而开放的国家，汇率是自由浮动的。

由于人民币汇率参考的货币篮子中可能包含美元、欧元、日元和韩元，因此，在考察人民币汇率变动对中国周边经济体货币汇率变动的影响时，如果直接把人民币汇率变动率作为解释变量，将无法判别人民币汇率变动对目标国货币汇率变动的影响是来自人民币本身还是来自人民币钉住的锚货币。为了解决这个问题，本书采用辅助回归取残差值的方法，提取人民币汇率的独立变动率。本书的回归分为两个步骤：

第一步：将人民币对美元、欧元、日元和韩元进行回归，得到残差序列。

$$\Delta LCNY_t = \beta_0 + \beta_1 \Delta LUSD_t + \beta_2 \Delta LEUR_t + \beta_3 \Delta LJPY_t + \beta_4 LKRW_t + \varphi_t \quad (4.2)$$

第二步，将目标国货币对美元、欧元、日元和韩元进行回归，判断这些货币的变动率对目标国货币汇率的影响。即：

$$\Delta LY_t = \alpha_0 + \alpha_1 \Delta LUSD_t + \alpha_2 \Delta LEUR_t + \alpha_3 \cdot \varphi_2 + \alpha_4 \Delta LJPY_t + \alpha_5 \Delta LKRW_t + \mu_t$$
$$(4.3)$$

其中，Y 分别代表俄罗斯卢布（RUB）、蒙古图格里克（MNT）、哈萨克斯坦坚戈（KZT）、阿富汗尼（AFN）、巴基斯坦卢比（PKR）、印度卢比（INR）、尼泊尔卢比（NPR）、不丹卢比（BTN）、缅甸元（MMK）、泰铢（THB）、柬埔寨瑞尔（KHR）、老挝吉普（LAK）、越南盾（VND）、林吉特（MYR）、文莱元（BND）、印度尼西亚盾（IDR）、新加坡元（SGD）、菲律宾比索（PHD）、朝鲜元（KPW）等货币（由于吉尔吉斯斯坦和塔吉克斯坦两国的数据缺失严重，故没有包含在本书中）对新西兰元的日汇率[②]。

4.3.2.3 研究时间阶段的划分

2005 年 7 月 21 日，中国人民银行宣布把我国单一钉住美元汇率制调整为以外汇市场供求为基础，参考一篮子货币调节的、有管理的浮动汇率制。这次汇率改革，在人民币汇率改革的历史进程中具有里程碑意义，人民币对美元的汇率由不动变动。因此，本书选取的时间区间从 2005 年 7 月 21 日开始。2008 年 9 月，全球金融危机爆发，人民币汇率又采取了钉住美元的机制。2010 年 6 月 19 日，中国人民银行提出进一步推进人民币汇率形成机制改革，增强人民币汇率弹性。从图 4.5 中可以看出，"7.21 汇改"之后到国际金融危机之前，

---

① M KAWAI, V PONTINESV. The Rinminbi and Exchange Rate Regimes in East Asian［R］. ADBI Working Paper, 2014.

② 本书的数据来源于 www. oanda. com。

人民币兑美元呈现出升值的趋势；2008 年国际金融危机爆发之后到 2010 年 6 月，人民币兑美元汇率几乎维持不变；2010 年 6 月 19 日之后，人民币兑美元汇率再次波动。本书探究美元、欧元、人民币、日元和韩元对中国周边经济体货币汇率变动的影响，为了避免多重共线性，要把人民币单一钉住美元的时间段从本书的研究时间区间里剔除掉，因此，本书研究的两个时间段分别为：2005 年 7 月 21 日至 2008 年 9 月 15 日；2010 年 6 月 19 日至 2015 年 12 月 31 日。

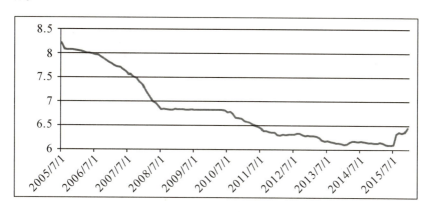

图 4.5　人民币对美元汇率

资料来源：OANDA 历史汇率。

4.3.2.4　实证结果及分析

首先，分别对两个时间段的数据进行 ADF 检验，以判断这些时间序列数据的平稳性。本书利用 Stata 11.0 统计分析软件来实现这一过程。由表 4.11 和表 4.12 可知，在 1% 的显著水平下，所有变量取对数后的一阶差分序列都是平稳的。

其次，分别把两个时间段内的数据根据式 4.2 和式 4.3 进行回归，得到表 4.13 和表 4.14 的回归结果。

实证结果表明，2005 年人民币汇率改革之后，俄罗斯卢布、蒙古图格里克、阿富汗尼、尼泊尔卢比、不丹卢比、缅甸元、泰铢、越南盾、林吉特和新加坡元等 10 种货币钉住了人民币，美元是中国周边所有国家的锚货币。分别有 14 个和 12 个国家的货币钉住了韩元和欧元，日本在这些区域的影响力不大，仅仅是阿富汗、新加坡和菲律宾三国货币汇率钉住的锚货币。由此可见，美元、韩元和欧元分别是第一阶段中国周边区域内最重要的三种货币。

表4.11

第一阶段的 ADF 检验结果

	USD	EUR	CNY	JPY	KRW	RUB	MNT	KZT	AFN	PKR	INR	NPR
对数序列	-1.16	-0.85	-0.39	-1.28	-1.11	-1.38	-1.04	-1.14	-1.61	-0.76	-2.41	-2.10
差分对数序列	-27.48***	-27.07***	-27.64***	-27.02***	-30.36***	-27.61***	-27.48***	-28.19***	-30.32***	-34.09***	-27.51***	-30.39***
	BTN	MMK	THB	KHR	LAK	VND	MYR	BND	IDR	SGD	PHP	KPW
对数序列	-1.87	-1.31	-2.01	-0.10	-0.64	-1.26	-2.24	-1.52	-1.37	-0.71	-1.86	-1.57
差分对数序列	-29.19***	-28.51***	-30.76***	-56.57***	-28.95***	-27.82***	-36.78***	-36.93***	-31.51***	-26.82***	-28.11***	-30.62***

注：本表用*、**和***分别表示在1%、5%和10%的显著性水平下通过检验。

表4.12

第二阶段的 ADF 检验结果

	USD	EUR	CNY	JPY	KRW	RUB	MNT	KZT	AFN	PKR	INR	NPR
对数序列	-1.34	-1.93	-1.25	-1.00	-1.67	-1.31	-1.17	-0.06	-1.88	-2.06	-2.15	-1.97
差分对数序列	-35.53***	-33.73***	-36.10***	-36.11***	-37.66***	-34.89***	-39.63***	-34.42***	-37.74***	-39.45***	-35.18***	-43.18***
	BTN	MMK	THB	KHR	LAK	VND	MYR	BND	IDR	SGD	PHP	KPW
对数序列	-2.03	-1.42	-2.05	-1.80	-1.59	-2.41	-1.43	-2.02	-1.35	-2.13	-1.84	-1.34
差分对数序列	-41.15***	-44.91***	-34.70***	-44.30	-39.54***	-41.44***	-36.34***	-45.30***	-38.71***	-35.78***	-36.44***	-35.33***

注：本表用*、**和***分别表示在1%、5%和10%的显著性水平下通过检验。

在第二阶段内，钉住人民币的国家增加了4个变成了14个，分别是俄罗斯卢布、蒙古图格里克、阿富汗尼、印度卢比、尼泊尔卢比、不丹卢比、泰铢、柬埔寨瑞尔、林吉特、文莱元、印尼盾、新加坡元、菲律宾比索和朝鲜元。美元仍然是中国周边所有国家的锚货币。欧元的影响力也变大，有16个国家钉住欧元。有关日元回归方程中，很多系数虽是统计显著的，但是符号为负，这说明日元汇率变动的增加或降低会导致目标国货币汇率变动的降低或增加，这就导致两个国家的汇率偏离程度更大，这与钉住汇率制的含义相悖，因此，本书认为回归系数为负的货币不是锚货币，因此，第二阶段只有11个国家的货币钉住了日元，并且日元在货币篮子中的权重很小。相比欧元、人民币和日元影响力的增长，韩元在第二阶段对中国周边区域经济体货币汇率的影响明显降低，钉住韩元的国家有14个变成11个。

从系数大小来看，第二阶段的美元回归系数明显普遍低于第一阶段，说明美元仍然是亚洲各国钉住的主要锚货币，但是其在货币篮子中的权重却在下降。在钉住人民币的国家货币篮子中，人民币的影响权重仅小于美元，普遍高于欧元、日元。

总的来说，在中国实施汇率改革之后，人民币在中国周边区域内发挥显著的货币锚作用，特别是2010年第二次汇率改革之后，人民币已经成为中国周边经济体货币高频钉住的锚货币。两个阶段中，美元都是中国周边经济体货币钉住的锚货币，但是美元的货币锚地位却有所下降。实证结果还发现欧元和韩元也开始成为中国周边经济体货币钉住的锚货币，说明韩元在亚洲的地位上升。这些结果表明，亚洲经济体正在经历"去美元化"，转为钉住亚洲内部货币，而人民币在其中发挥越来越重要的作用。

人民币成为周边大多数国家钉住的锚货币，这意味着人民币在周边地区已初步具备了官方意义上的国际货币功能。但人民币并未成为周边所有国家的锚货币，更没有取代美元和欧元的。在长期内，中国周边国家和地区是否会抛弃美元选择人民币作为锚货币，这主要取决于人民币的发展。在中国综合国力不断提升的前提下，随着人民币汇率机制不断改革和金融市场的完善，人民币成为周边国家乃至更广区域内的锚货币，是中国经济发展和人民币国际化的最终结果。

表 4.13

第一阶段中国周边区域经济体的锚货币检验

变量	美元	欧元	人民币	日元	韩元	调整后的 R^2
俄罗斯卢布	0.539*** (0.025)	0.353*** (0.029)	0.234*** (0.068)	0.014 (0.014)	0.052*** (0.015)	0.912
蒙古图格里克	0.956*** (0.008)	0.012 (0.011)	0.229** (0.093)	0.003 (0.013)	0.010 (0.010)	0.941
哈萨克斯坦坚戈	0.724*** (0.039)	0.201*** (0.036)	0.067 (0.074)	0.005 (0.025)	0.086*** (0.029)	0.768
阿富汗尼	0.900*** (0.063)	0.001 (0.019)	0.254** (0.103)	0.057** (0.028)	0.005 (0.013)	0.640
巴基斯坦卢比	0.920*** (0.048)	0.054 (0.060)	0.244 (0.155)	-0.005 (0.038)	0.013 (0.051)	0.601
印度卢比	0.750*** (0.032)	0.141*** (0.032)	0.109 (0.184)	-0.037 (0.025)	0.109*** (0.024)	0.793
尼泊尔卢比	0.709*** (0.049)	0.218*** (0.048)	0.303* (0.157)	-0.014 (0.043)	0.098*** (0.043)	0.615
不丹卢比	0.857*** (0.052)	-0.070 (0.059)	0.275** (0.122)	0.095 (0.068)	0.074*** (0.023)	0.637
缅元	0.820*** (0.031)	0.169*** (0.036)	0.147** (0.072)	-0.005 (0.024)	0.043* (0.022)	0.822
泰铢	0.706*** (0.044)	0.083 (0.052)	0.407*** (0.204)	0.016 (0.054)	0.062** (0.029)	0.509
柬埔寨瑞尔	1.215*** (0.382)	0.354 (0.292)	-2.833 (2.326)	-0.306 (0.252)	0.062 (0.077)	0.047
老挝吉普	0.718*** (0.039)	0.206*** (0.041)	0.052 (0.119)	0.020 (0.028)	0.071** (0.031)	0.764

变量	美元	欧元	人民币	日元	韩元	调整后的 R^2
越南盾	0.778*** (0.030)	0.149*** (0.031)	0.174** (0.079)	0.012 (0.021)	0.067** (0.027)	0.843
林吉特	0.503*** (0.036)	0.147*** (0.034)	0.323*** (0.088)	0.010 (0.028)	0.287*** (0.032)	0.535
文莱元	0.343*** (0.038)	0.426*** (0.043)	0.089 (0.061)	0.032 (0.025)	0.159*** (0.025)	0.509
印尼盾	0.470*** (0.063)	0.222*** (0.075)	−0.066 (0.130)	0.006 (0.049)	0.303*** (0.043)	0.525
新加坡元	0.509*** (0.019)	0.201*** (0.018)	0.186* (0.113)	0.092*** (0.015)	0.088*** (0.015)	0.930
菲律宾比索	0.701** (0.038)	0.141*** (0.037)	0.220 (0.169)	−0.106*** (0.030)	0.171*** (0.028)	0.722
朝鲜元	0.994*** (0.038)	−0.019 (0.027)	0.128 (0.123)	0.045 (0.031)	−0.067 (0.080)	0.501

注：本表用*、**和***分别表示在1%、5%和10%的显著性水平下通过检验，括号里数值为稳健标准误。

表 4.14

第二阶段中国周边区域经济体的锚货币检验

变量	美元	欧元	人民币	日元	韩元	调整后的 R^2
俄罗斯卢布	0.501*** (0.098)	0.219*** (0.055)	0.244* (0.141)	−0.209*** (0.057)	0.230*** (0.086)	0.170
蒙古图格里克	0.965*** (0.030)	−0.010 (0.023)	0.110** (0.048)	0.055** (0.024)	−0.000 (0.027)	0.600
哈萨克斯坦坚戈	0.680*** (0.061)	0.262*** (0.093)	0.156 (0.109)	0.058 (0.043)	0.057 (0.093)	0.326
阿富汗尼	0.934*** (0.027)	0.016 (0.020)	0.160*** (0.045)	0.043* (0.019)	0.008 (0.020)	0.703
巴基斯坦卢比	0.731*** (0.031)	0.235*** (0.026)	0.083 (0.054)	0.036* (0.021)	−0.012 (0.027)	0.689
印度卢比	0.513*** (0.034)	0.079*** (0.024)	0.370*** (0.086)	−0.082** (0.024)	0.280*** (0.029)	0.529
尼泊尔卢比	0.383*** (0.044)	0.372*** (0.038)	0.176* (0.107)	−0.044 (0.029)	0.220*** (0.037)	0.449
不丹卢比	0.621*** (0.035)	0.079*** (0.024)	0.429*** (0.090)	−0.072*** (0.026)	0.217*** (0.033)	0.497
缅元	0.628*** (0.041)	0.288*** (0.032)	0.056 (0.073)	0.070*** (0.024)	0.003 (0.033)	0.592
泰铢	0.623*** (0.018)	0.068*** (0.013)	0.200*** (0.033)	0.042*** (0.013)	0.161*** (0.014)	0.853
柬埔寨瑞尔	0.736*** (0.041)	0.193*** (0.034)	0.242** (0.101)	0.065** (0.028)	−0.011 (0.032)	0.501
老挝吉普	0.724*** (0.027)	0.221*** (0.022)	0.043 (0.049)	0.054** (0.019)	0.002 (0.022)	0.724

变量	美元	欧元	人民币	日元	韩元	调整后的 R^2
越南盾	0.813*** (0.028)	0.156*** (0.029)	0.092 (0.060)	0.035* (0.018)	−0.010 (0.024)	0.622
林吉特	0.383*** (0.030)	0.044** (0.022)	0.239*** (0.058)	−0.033* (0.019)	0.473*** (0.024)	0.654
文莱元	0.290*** (0.030)	0.339*** (0.029)	0.238*** (0.062)	0.064*** (0.019)	0.238*** (0.025)	0.656
印尼盾	0.644*** (0.033)	0.068*** (0.023)	0.168*** (0.063)	0.027 (0.021)	0.206*** (0.029)	0.581
新加坡元	0.362*** (0.016)	0.158*** (0.012)	0.230*** (0.042)	0.077*** (0.010)	0.251*** (0.014)	0.862
菲律宾比索	0.621*** (0.020)	0.033** (0.015)	0.224*** (0.043)	−0.003 (0.013)	0.272*** (0.018)	0.815
朝鲜元	0.966*** (0.004)	0.007** (0.003)	0.142*** (0.022)	0.016*** (0.003)	0.010*** (0.004)	0.992

注：本表用*、**和***分别表示在1%、5%和10%的显著性水平下通过检验。括号里数值为稳健标准误。

4.3.3 人民币成为周边国家的锚货币的潜力

人民币汇率的上述变动趋势，表明中国周边国家正在经历"去美元化"，转为钉住人民币，这对于了解人民币成为区域锚货币的可能性及途径，具有重要的意义。

4.3.3.1 美元仍是目前中国周边区域内最重要的国际货币，但其地位受到人民币的挑战

在 2005 年人民币汇率改革之前，人民币采取钉住美元的汇率制度，改革之后，人民币相对美元开始升值。自 2008 年 7 月至 2010 年 6 月，人民币兑美元的汇率保持稳定，随后人民币对美元又开始升值，直到 2015 年 5 月，这期间人民币对美元汇率虽然有升有降，但总体保持升值趋势。自 2015 年 7 月起，人民币对美元汇率开始出现反弹趋势。从人民币对美元汇率的变化历程可以看出，人民币对美元总体上保持了升值趋势，这在一定程度上解释了为什么中国周边国家开始选择钉住人民币，替代了部分美元在中国周边区域内的作用。由于国际货币竞争力更取决于发行国经济实力、制造品的生产比较优势、金融体系发展程度等，美元贬值并没有威胁到美元的国际竞争力。

首先，美国依然具有强大的经济实力。中国在 GDP 增长速度上高于美国，但在总体规模上，与美国还有一定差距（见图 4.6）。在 2015 年，美国和中国仍是世界上的 GDP 最大的两个国家，其中，美国 2015 年 GDP 值为161 979.6 亿美元，保持第一；中国的 GDP 为 103 856.6 亿美元，处于第二，两者之间相差了 58 123 亿美元①，

其次，美国拥有世界上最发达的金融体系和最大的资本市场。目前，美国的金融市场在广度、深度和弹性上以及商业银行的盈利能力、风险管理、金融创新等方面都位列全球之首。在此方面，中国的金融市场发育还不完善，与美国相比，中国相当于处在金融体系发展的初级阶段。以外汇市场交易为例，从 1998 年以来，美元在全球外汇市场上的交易额一直处于第一位的位置。根据表 4.15 中数据可以看出，1998—2013 年，美元在全球外汇市场交易的份额平均维持在 87%左右。而人民币在全球外汇交易市场所占份额却很小，自 2004 年以来，人民币的外汇交易额度开始快速增长，由 2004 年的 0.1%增加到 2007 年的 0.5%，以及 2010 年的 0.9%，到 2013 年，人民币在外汇市场上的交易量

---

① 排行榜. 2015 年世界 GDP 排名中国经济总量在各国中排名第二［EB/OL］（2016-01-19）. http：//www. phbang. cn/general/147871. html.

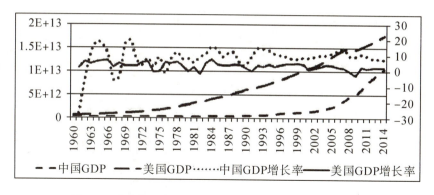

图 4.6 中国与美国的 GDP 及增长率（GDP 单位：美元）

资料来源：世界银行。

有较大的突破，占全球交易额的 2.2%，在世界上排名第 9。虽然人民币在外汇市场上的交易量在逐年增加，但与美元仍相差甚远。

表 4.15 全球外汇市场成交额①构成

货币	1998 年		2001 年		2004 年		2007 年		2010 年		2013 年	
	占比(%)	排名	占比(%)	排名	占比(%)	排名	占比(%)	排名	占比(%)	排名	占比(%)	排名
美元	86.8	1	89.9	1	88	1	85.6	1	84.9	1	87	1
欧元	—	—	37.9	2	37.4	2	37	2	39.1	2	33.4	2
日元	21.7	2	23.5	3	20.8	3	17.2	3	19	3	23	3
英镑	11	3	13	4	16.5	4	14.9	4	12.9	4	11.8	4
澳元	3	6	4.3	7	6	6	6.6	6	7.6	5	8.6	5
瑞士法郎	7.1	4	6	5	6	5	6.8	5	6.3	6	5.2	6
加拿大元	3.5	5	4.5	6	4.2	7	4.3	7	5.3	7	4.6	7
墨西哥比索	0.5	9	0.8	14	1.1	12	1.3	12	1.3	14	2.5	8
人民币	0	30	0	35	0.1	29	0.5	20	0.9	17	2.2	9
新西兰元	0.2	17	0.6	16	1.1	13	1.9	11	1.6	10	2	10
瑞典克朗	0.3	11	2.5	8	2.2	8	2.7	9	2.2	9	1.8	11
俄罗斯卢布	0.3	12	0.3	19	0.6	17	0.7	18	0.9	16	1.6	12
港元	1	8	2.2	9	1.8	9	2.7	8	2.4	8	1.4	13
挪威克朗	0.2	15	1.5	10	1.4	10	2.1	10	1.3	12	1.4	14
新加坡元	1.1	7	1.1	12	0.9	14	1.2	13	1.4	12	1.4	15

---

① 按照每年四月日均成交额计算得出。

表4.15(续)

货币	1998 年		2001 年		2004 年		2007 年		2010 年		2013 年	
	占比(%)	排名	占比(%)	排名	占比(%)	排名	占比(%)	排名	占比(%)	排名	占比(%)	排名
土耳其里拉	—	33	0	30	0.1	28	0.2	26	0.7	19	1.3	16
韩元	0.2	18	0.8	15	1.1	11	1.2	14	1.5	11	1.2	17
南非兰特	0.4	10	0.9	13	0.7	16	0.9	15	0.7	20	1.1	18
巴西里尔	0.2	16	0.5	17	0.3	21	0.4	21	0.7	21	1.1	19
印度卢比	0.1	22	0.2	21	0.3	20	0.7	19	1	15	1	20
丹麦克朗	0.3	14	1.2	11	0.9	15	0.8	16	0.6	22	0.8	21
波兰兹罗提	0.1	26	0.5	18	0.4	19	0.8	17	0.8	18	0.7	22
新台币	0.1	21	0.3	20	0.4	18	0.4	22	0.5	23	0.5	23
匈牙利福林	0	28	0	33	0.2	23	0.3	23	0.4	24	0.4	24
林吉特	0	27	0.1	26	0.1	30	0.1	28	0.3	25	0.4	25
捷克克朗	0.3	13	0.2	22	0.2	24	0.2	24	0.2	27	0.4	26
泰铢	0.1	19	0.2	24	0.2	22	0.2	25	0.2	26	0.3	27
智利比索	0.1	24	0.2	23	0.1	25	0.1	30	0.2	29	0.3	28
印尼盾	0.1	25	0	28	0.1	27	0.1	29	0.2	30	0.2	30
菲律宾比索	0	29	0	29	0	31	0.1	31	0.2	31	0.1	31
罗马尼亚列伊	—	35	—	37	—	40	0	34	0.1	33	0.1	32
哥伦比亚比索	—	36	0	31	0	33	0.1	33	0.1	32	0.1	33
沙特里亚尔	0.1	23	0.1	27	0	32	0.1	32	0.1	34	0.1	34
秘鲁索尔	—	37	0	32	0	35	0	36	0	36	0.1	35
其他	—		6.6		6.6		7.7		4.7		1.6	
总计①	200		200		200		200		200		200	

资料来源: BIS, Triennial Central Bank Survey of foreign exchange and derivatives market activity in 2013。

4.3.3.2　人民币成为周边区域内锚货币的优势

伴随着我国经济金融体制改革的快速发展,人民币国际化正在顺利快速推进,人民币有潜力成为中国周边区域的锚货币。首先,中国与周边区域内经济体的贸易量高于美国与中国周边区域内经济体的贸易量。随着中国经济的发展,综合国力的提升,中国成了周边区域经济发展的稳定器。周边各国看到了中国市场的潜力,纷纷与中国加大贸易量。2014 年,中国与周边 23 个经济体

---

① 因为每笔外汇交易都涉及两种货币,所以所有货币交易额比重的总和是200%。

的贸易额达 18 896.92 亿美元，占中国对外贸易总额的 43.9%；而美国与这些国家的贸易额仅有 7 551.24 亿美元，不到中国的一半。图 4.7 显示了中国与美国在近 5 年与中国周边 23 个经济体的贸易总额。从中可以发现，中国与这些国家的贸易额规模大，增长速度快，从 2010 年的 13 313.06 亿美元，增加到 2014 年 18 896.92 亿美元，增长了 42%。而美国与这些国家的贸易额仅从 6 440.01 亿美元增加到 7 551.24 亿美元，仅增加了 17.2%。图 4.8 是中美两国与中国周边 23 个国家贸易的具体情况。从中可以看出，中美两国与这些国家的贸易多集中在日本、韩国、俄罗斯、马来西亚、新加坡、越南、泰国、印度与菲律宾等国。在这 23 个国家里，各个国家与中国的贸易额都大于与美国的贸易额，这在一定程度上增加了人民币成为周边区域锚货币的可能性。其次，中国政府的大力支持。周边这些国家作为我国的"邻居"，双方在一定程度上存在"一荣俱荣，一损俱损"的关系。近年来，我国政府出台了很多政策促进中国与周边区域在经济、政治上的合作，像中国-东盟、中国-新加坡、中国-韩国等自由贸易区的成立。为了扩大人民币在周边国家的流通，我国政府更是颁布了大量的政策措施。中国与周边国家的这种相邻的地理优势，在一定程度上加大了中国与这些国家的合作。

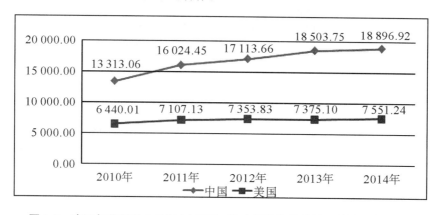

图 4.7　中国与美国近 5 年与中国周边 23 个经济体贸易量（单位：亿美元）

资料来源：IMF。

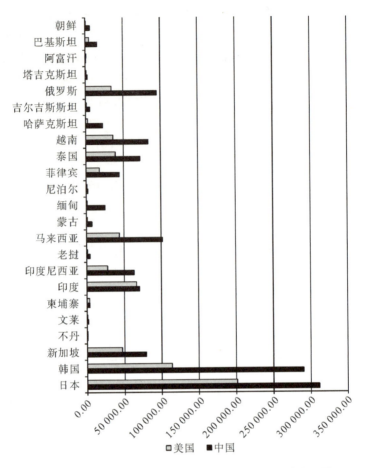

图 4.8　2014 年中国和美国与中国周边 23 个国家的贸易量
资料来源：IMF。

4.4　人民币的储备货币地位与货币互换

4.4.1　人民币的储备货币地位

境外央行（货币当局）持有人民币储备资产呈现良好发展态势，部分境外央行通过在离岸市场购买人民币债券等形式将人民币纳入其外汇储备。但是，人民币作为储备货币在全球市场上所占份额还很小。表 4.16 列出了国际货币基金组织统计的全球外汇储备币种及结构。其中，单独列出了美元、英

表 4.16

全球外汇储备币种及所占比重

（单位：亿美元）

	2005 年	2006 年	2007 年	2008 年	2009 年	2010 年	2011 年	2012 年	2013 年	2014 年
外汇总储备	43 200.44	52 531.01	67 045.63	73 460.74	81 648.45	92 652.91	102 061.30	109 531.19	116 833.90	115 911.25
已分配储备	28 435.45	33 154.78	41 193.17	42 102.00	45 899.54	51 633.98	56 552.21	60 894.77	62 276.32	60 849.80
美元	18 913.93	21 575.72	26 312.80	26 848.59	28 479.24	31 930.81	35 251.34	37 328.93	38 017.68	38 391.16
英镑	1 065.58	1 499.94	1 988.81	1 775.46	1 949.04	2 031.81	2 167.69	2 459.60	2 481.28	2 305.54
日元	1 126.06	1 149.51	1 310.18	1 459.66	1 329.94	1 887.72	2 038.76	2 487.80	2 379.58	2 370.90
瑞士法郎	41.43	56.85	63.95	57.99	53.00	66.29	43.68	129.44	167.07	163.45
加拿大元	—	—	—	—	—	—	—	867.57	1 138.01	1 150.48
澳元	—	—	—	—	—	—	—	886.09	1 129.05	1 082.33
欧元	6 792.99	8 272.28	10 761.64	11 035.20	12 695.90	13 426.51	13 940.71	14 744.34	15 184.76	13 468.77
其他货币	495.46	600.49	755.80	925.10	1 392.42	2 290.84	3 110.03	1 990.99	1 778.91	1 917.18
未分配的外汇储备	14 764.99	19 376.23	25 852.46	31 358.74	35 748.92	41 018.93	45 509.09	48 636.43	54 557.58	55 061.45
已分配的外汇储备份额	65.82%	63.11%	61.44%	57.31%	56.22%	55.73%	55.41%	55.60%	53.30%	52.50%
美元份额	66.52%	65.08%	63.88%	63.77%	62.05%	61.84%	62.33%	61.30%	61.05%	63.09%
英镑份额	3.75%	4.52%	4.83%	4.22%	4.25%	3.94%	3.83%	4.04%	3.98%	3.79%

	2005 年	2006 年	2007 年	2008 年	2009 年	2010 年	2011 年	2012 年	2013 年	2014 年
日元份额	3.96%	3.47%	3.18%	3.47%	2.90%	3.66%	3.61%	4.09%	3.82%	3.90%
瑞士法郎份额	0.15%	0.17%	0.16%	0.14%	0.12%	0.13%	0.08%	0.21%	0.27%	0.27%
加拿大元份额	—	—	—	—	—	—	—	1.42%	1.83%	1.89%
澳元份额	—	—	—	—	—	—	—	1.46%	1.81%	1.78%
欧元份额	23.89%	24.95%	26.12%	26.21%	27.66%	26.00%	24.65%	24.21%	24.38%	22.13%
其他货币份额	1.74%	1.81%	1.83%	2.20%	3.03%	4.44%	5.50%	3.27%	2.86%	3.15%
未分配的外汇储备份额	34.18%	36.89%	38.56%	42.69%	43.78%	44.27%	44.59%	44.40%	46.70%	47.50%

资料来源：IMF，Currency Composition of Official Foreign Exchange Reserves（COFER），International Financial Statistics（IFS）。

镑、日元、瑞士法郎、加拿大元、澳元与欧元等七大货币在全球外汇储备中所占的份额。人民币被包含在其他货币份额种类中。2014 年，美元、英镑、日元、瑞士法郎、加拿大元、澳元与欧元等七大货币在全球外汇储备中所占份额分别是 63.09%、3.79%、3.90%、0.27%、1.89%、1.78% 和 22.13%。其中美元以绝对的优势占据着霸权地位，占全球外汇储备的一半以上；欧元位居第二，在全球外汇储备中占据五分之一；而人民币包含在占全球外汇储备 3.15% 的其他货币份额中。由此可见，人民币在全球外汇储备份额中的地位微不足道，要实现人民币全球国际化面临巨大挑战。

但是人民币加入 SDR 货币篮子将会促进人民币作为国际储备的进程。目前，人民币已成为继美元、日元、欧元和英镑之外的第五大储备货币，所占比重为 10.92%。人民币纳入 SDR 是一个重要里程碑。国际货币基金组织同意人民币成为特别提款权货币篮子，说明人民币达到了加入 SDR 的条件，并得到了国际认可。预计在未来一段时间内，IMF 的 188 个成员国的央行或货币当局将逐渐在其外汇储备中增持人民币，增大人民币在全球外汇储备中的份额，而人民币在贸易和投资中的使用也将大幅度提升。这将推动人民币成为重要的融资货币，并且可能会促进更多的大宗商品以人民币定价，同时也将促进人民币在国际金融框架中承担更重要的职能。

4.4.2 货币互换助推人民币周边化

近年来，中国人民银行与国外央行之间签订了一系列的货币互换协议，这是人民币在对外投资和贸易计价结算之外新的流出渠道。货币互换对扩大境外人民币流通范围、境外人民币存量和实现人民币周边化具有重要的作用。

4.4.2.1 货币互换及其政策功能

货币互换产生于 20 世纪 60 年代初，经过半个多世纪的发展，货币互换已经和国际外汇市场、货币市场以及其他金融衍生品交易等紧密地联系在一起，被当作金融风险防范工具，用于政府、企业和金融机构管理资产和负债。

货币互换，又称货币掉期，是指交易双方按照事先商定好的规则，在两笔金额相同、期限相同、计算利率方法相同但货币不同之间的调换。货币互换调换的是货币，其主要目的在于降低筹资成本以及减少汇率变动可能带来的损失。换句话说，开展货币互换的两个国家在进行贸易和投资时，可以不使用第三方国家货币，而是直接使用本币进行计价和结算，避免不必要的汇兑损失。一般来讲，货币互换是在指两国央行之间进行的，通过两国签署货币互换协议，稳定外汇市场。具体来说，货币互换具有以下功能：

第一，增加外汇市场干预能力，节约外汇储备。一国外汇储备的主要目的是干预市场，维持本国汇率的稳定。当一国经济面临外部冲击时，对央行而言，最直接的办法就是通过动用外汇储备干预外汇市场，通过央行在外汇市场上的外汇买卖操作，实现稳定本国货币汇率的目的。对于世界上外汇储备相对不足的国家，若是央行动用本身就很稀缺的外汇储备干预外汇市场时，干预的最终结果可能是本国外汇储备的大量流失而汇率仍不稳定的局面，货币危机也就由此产生。如果这些国家通过与其他国家的货币互换，特别是当互换的对方国家货币既是国际货币又是本国外汇储备货币的主要币种时，本国央行就可以通过互换所得到的外汇来干预外汇市场，从而节约本国的外汇储备。

第二，增加流动性，缓解央行面临的资金压力。一国央行流动性多是通过增加或减少国内流动性资金规模进行控制的。当一国发生金融危机等事件时，国内普遍存在资金短缺状况，此时央行可以通过货币互换来增加流动性。在金融危机爆发时期，往往是央行货币互换协议最多之时。通过货币互换，资金充裕国央行向资金相对短缺的国家提供流动性，并由资金需求国央行承担信贷风险，从而避免因直接向境外银行贷款可能带来的风险。而央行双边的货币互换，在一定程度上还能遏制国际金融危机的传染。因为通过货币互换，非危机国向危机国央行提供额外的流动性支持，遏制危机国短期内的资金流动性枯竭，增强国家干预金融市场的能力，增加投资者对危机国金融市场的信心，避免通过投资者的信心形成危机传染。从这个意义上来说，货币互换可以是央行应对金融危机的一种应急手段，通过互换增加流动性，降低危机国金融市场的动荡，避免金融危机的进一步扩散。

第三，扩大本币的使用范围和推动本国货币国际化的进程。货币互换可以增加本国货币在对方市场上的存量，加快对方国家央行对本国货币的积累速度，使本国货币逐步发挥储备货币职能。货币互换会增加两国贸易和投资中采用本币计价和结算的机会，使互换货币逐步发挥支付手段和计价手段职能。货币国际化是货币在不断发挥计价、结算和储备等国际货币职能的过程中逐步实现的，因此，货币互换在一定程度上也推动了货币国际化的进程。

4.4.2.2 中国参与周边国家和地区货币互换的发展进程

由于人民币价值稳定，而且中国经济保持高速增长的前景，加上中国政府开始推动人民币跨境使用，人民币逐渐成为一些企业甚至国家政府愿意持有的资产，于是中国政府积极推动人民币与其他国家货币互换协议的签订。作为创建《清迈协议》多变化合作机制的重要国家，2001 年 12 月 6 日，我国签署了第一份货币互换协议，即与泰国银行签署的金额为 20 亿美元的货币互换协议。

从此以后，中国政府开始不断与世界各地的央行签订本币互换协议，这一方面是为了维护地区金融稳定并推动区域间的金融合作，另一方面也是为了满足人民币国际化进程中的客观需求。截至 2015 年 5 月末，中国人民银行与 32 个国家和地区的中央银行或货币当局签署了双边本币互换协议，协议总规模约 3.1 万亿元人民币。从我国目前签订的货币互换协议看，主要是满足人民币跨境贸易结算需求，人民币作为储备货币的功能并没有得到较好体现。

表 4.17　　　　　　中国与周边国家签署的货币互换协议

协议伙伴	签署日期	规模和币种
泰国	2001 年 12 月 6 日	20 亿美元，美元—泰铢
日本	2002 年 3 月 28 日	30 亿美元，人民币—日元
韩国	2002 年 6 月 24 日	20 亿美元，人民币—美元
马来西亚	2002 年 10 月 19 日	15 亿美元，美元—林吉特
菲律宾	2003 年 8 月 30 日	10 亿美元，美元—比索
印度尼西亚	2002 年 12 月 30 日	10 亿美元，美元—印尼卢比
印度尼西亚	2006 年 10 月 17 日	40 亿美元，美元—印尼卢比
日本	2007 年 9 月 20 日	30 亿美元，人民币—日元
韩国	2008 年 12 月 12 日	1 800 亿人民币—38 万亿韩元
马来西亚	2009 年 2 月 8 日	800 亿元人民币—400 亿林吉特
印度尼西亚	2009 年 3 月 23 日	1 000 亿元人民币—175 万亿印尼卢比
新加坡	2010 年 7 月 23 日	1 500 亿人民币—300 亿新加坡元
蒙古	2011 年 5 月 6 日	50 亿元人民币—10 万亿蒙古图格里克
哈萨克斯坦	2011 年 6 月 13 日	70 亿元人民币—1 500 万亿坚戈
韩国	2011 年 10 月 26 日	3 400 亿人民币—64 万亿韩元
泰国	2011 年 12 月 22 日	700 亿元人民币—3 200 亿泰铢
巴基斯坦	2011 年 12 月 23 日	100 亿元人民币—1 400 亿卢比
马来西亚	2012 年 2 月 8 日	1 800 亿人民币—900 亿林吉特
蒙古	2012 年 3 月 20 日	100 亿元人民币—2 万亿图格里克
新加坡	2013 年 3 月 7 日	3 000 亿元人民币—600 亿新加坡元
印度尼西亚	2013 年 10 月 1 日	1 000 亿元人民币—175 万亿印尼卢比
蒙古	2014 年 8 月 21 日	150 亿元人民币—4.5 万亿蒙古图格里克

表4.17(续)

协议伙伴	签署日期	规模和币种
韩国	2014 年 10 月 11 日	3 600 亿元人民币—64 万亿韩元
俄罗斯	2014 年 10 月 13 日	1 500 亿元人民币—8 150 亿卢布
哈萨克斯坦	2014 年 12 月 14 日	70 亿元人民币—2 000 亿哈萨克坚戈
马来西亚	2015 年 4 月 17 日	1 800 亿元人民币—900 亿林吉特

资料来源：根据中国人民银行网站的相关新闻整理所得。

从表 4.17 中可以看出，2008 年金融危机之前，中国与泰国、韩国、马来西亚、印度尼西亚、菲律宾和日本 6 个国家签署了货币互换协议，按美元计价的总金额达 175 亿美元。从这阶段的货币互换协议中可以明显地发现，绝大部分国家都是以美元作为协议货币，与对方国开展货币互换，只有与日本的货币互换是人民币对日元的互换，以美元计值金额为 60 亿美元。这一特点说明在这一段时间内，人民币的可兑换性不强，在周边国家被接受度不高，但中国越来越多的外汇储备又对这些国家有着强大的吸引力，这些国家想通过与中国以美元为协议货币的互换交易，弥补国内外汇储备不足的缺陷，从而增强本国央行的国际清算能力。而对中国来说，通过货币互换也可进一步深化中国与这些国家的货币金融合作关系。2008 年金融危机后，中国与周边国家签署的货币互换协议大量增加。

自 2008 年 12 月 12 日，中国人民银行与韩国央行签署的 1 800 亿元人民币与 38 万亿韩元的货币互换协议以来，到 2015 年 4 月 17 日，与马来西亚签署的 1 800 亿元人民币与 900 亿林吉特的双边本币互换协议，中国与周边国家共签署的货币互换协议总计为 18 项，总金额共为 22 440 亿元人民币。在这一阶段，中国与周边国家签署的大量货币互换协议动因主要有两个：一是防范美国金融危机和欧债危机的传染，维护区域稳定，加强双边金融合作，促进贸易和投资，加快经济发展速度；二是中国欲借助这种方法扩大人民币的国际使用范围和规模，摆脱对美元等货币的过度依赖，这也可以从这阶段的货币互换协议为双边货币互换，不涉及第三方国家货币这一特点体现出来。

5 人民币周边化的抑制因素

通过前面两章的论述可以看出，无论是从中国经济实力还是中国与周边国家的经济联系以及人民币周边化的现状来看，人民币要在周边区域内实现国际化有许多有利因素，例如，人民币在周边国家已有了一定规模的流通，甚至已经成为了部分国家的锚货币，这都说明了人民币在中国周边区域内具有一定的影响力，人民币周边化已取得了一定的成果。但是，目前的状况离人民币实现真正的周边化和国际化还有很大的差距，并且随着跨境贸易人民币结算的发展，人民币进口结算与出口结算出现不对称现象，人民币回流渠道少且限制多。同时，地区不稳定等一些非经济因素也将抑制人民币周边化的推进。

5.1 人民币周边化过程中遇到的问题

5.1.1 跨境贸易人民币进出口结算不对称

自跨境贸易人民币结算正式启动以来，规模迅速扩大。2010年，银行累计办理人民币结算业务5 063.4亿元，到2015年，跨境贸易人民币结算金额合计7.23万亿元，增长了13倍左右。随着跨境贸易人民币结算的顺利推进，很多学者开始注意到一种"跛足"现象，即人民币跨境贸易结算集中于进口而非出口（何帆等，2011；王信，2011）。从图5.1可以看出，跨境贸易人民币结算实付与实收的比例一直大于1，说明用于进口支付的人民币多于出口回流的人民币。

这种进出口结算货币不对称出现的主要原因在于国际上对人民币升值的预期，境外贸易企业更愿意接受人民币收款，而不太愿意用人民币支付货款，使人民币结算的付收比达到最高值5.5。因此，人民币升值预期在进出口结算失衡发展当中起到重要作用。因为人民币升值的预期，使境外居民愿意接受人民币，促进贸易人民币结算的快速发展，但是这种发展模式很不稳定，当人民币升值预期消失时，人民币贸易结算量就会因此而下降。虽然 2011 年以来人民币呈现双边浮动的趋势，人民币结算收付趋于接近，但是人民币汇率升值预期在中长期内会一直存在，这就会导致人民币保持净外流趋势，境外人民币供给会不断增加。这一方面会导致人民币升值利益输出境外，而我国企业和货币当局将会承担美元可能贬值带来的损失；另一方面，我国的外汇储备会增加，这将提升人民币升值的压力，提高境外居民对人民币升值的预期，从而反过来进一步增加进口人民币结算量，导致进出口结算更加失衡。

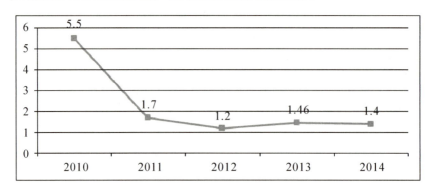

图 5.1　跨境贸易人民币结算额及付收比

资料来源：中国人民银行《中国货币政策执行报告》。

5.1.2　人民币资本项目回流渠道少

经常项目的人民币回流主要通过贸易结算，回流比较顺畅，而在资本与金融项目上，回流渠道并不顺畅，国家对此限制较多，从获取资质到投资方向再到最后资金使用都有十分详细的限制。目前，人民币资本项目回流渠道主要有两个：一是境内机构在香港发行人民币债券，二是境外机构或个人投资者向境内进行投资。不论是境内机构赴香港发行债券，还是境外机构投资人民币金融资产，都有很多的限制（见表 5.1），不仅要求发行机构本身应具备一定条件，同时对资金的使用范围也有所限制。

表 5.1　　　　　　　　资本和金融项目下的人民币回流渠道及限制

香港发行债券	
境内金融机构	境内金融机构赴香港发行人民币债券应向中国人民银行递交申请材料，并抄报国家发展和改革委员。中国人民银行会同发改委依法对境内金融机构赴香港发行人民币债券的资格和规模进行审核，并报国务院。同时，国家外汇局依法对境内金融机构在香港发行人民币债券所筹的资金进行登记和统计监测，并对境内金融机构兑付债券本息进行核准。商业银行赴香港发行人民币债券应具备7项条件：具有良好的公司治理机制、核心资本充足率不低于4%、最近3年连续盈利、贷款损失准备计提充足、风险监管指标符合监管机构的相关规定、最近3年没有重大违法违规行为、中国人民银行规定的其他条件
境内非金融机构	境内非金融机构赴香港发行人民币债券，应报国家发改委核准，必须满足6项条件：有良好的公司治理机制、资信情况良好、盈利能力较强、最近三年无重大违法违规行为、募集资金应主要用于固定资产投资项目，并符合国家宏观调控政策、产业政策、利用外资和境外投资政策以及固定资产投资管理规定，所需相关手续齐全，并且已发行的所有企业债券或者其他债务未处于违约或者延迟支付本息的状态
境外机构投资者向境内进行投资根据主体不同 向人民银行提交相关材料并等待中国人民银行审核批准	
国际开发机构	国际开发机构在中国境内申请发行人民币债券应向财政部等窗口单位提交债券发行申请，由窗口单位会同中国人民银行、国家发展和改革委员会、中国证券监督管理委员会、国家外汇管理局等部门审核通过后，报国务院同意。国际开发机构申请在中国境内发行人民币债券应具备以下条件：①财务稳健，资信良好，经两家及以上评级公司评级，其中至少应有一家评级公司在中国境内注册且具备人民币债券评级能力，人民币债券信用级别为AA级或以上；②已为中国境内项目或企业提供的贷款和股本资金在十亿美元以上，经国务院批准予以豁免的除外；③所募集资金应优先用于向中国境内的建设项目提供中长期固定资产贷款或提供股本资金，投资项目符合中国国家产业政策、利用外资政策和固定资产投资管理规定
基金管理公司、证券公司、人民币合格境外机构投资者	香港子公司投资境内证券市场须经中国证券监督管理委员会批准，并取得国家外汇管理局批准的投资额度。香港子公司申请开展在香港募集人民币资金境内证券投资业务试点，应当具备下列条件：在香港证券监督部门取得资产管理业务资格并已经开展资产管理业务，财务稳健，资信良好；公司治理和内部控制有效，从业人员符合香港地区的有关从业资格要求；申请人及其境内母公司经营行为规范，最近3年未受到所在地监管部门的重大处罚；申请人境内母公司具有证券资产管理业务资格；中国证监会根据审慎监管原则规定的其他条件

资料来源：根据相关政策文件整理所得。

5.1.3 跨境地下经济猖獗

地下经济，按其字面意思可以理解为，在暗地里进行的不能被大家所知道的经济活动。《经济与管理大辞典》中对地下经济进行了如下的概述：地下经济是指官方控制不到的经济活动。这类经济活动由于不能被官方所知道，所以官方统计的国民生产总值并不包含这类经济活动，当然，这类经济活动也不会向政府纳税等。地下经济一般包含以下两种类型：第一，非法经济、经营活动，如走私、贩毒等；第二，合法经营单位的非法收入，如偷税、漏税等。我国周边国家和地区，存在大量的走私、赌博以及毒品买卖等非法的经济活动，通常以人民币进行交易，而这些人民币的流通量是没有被政府部门监管到的，进而没有相应的统计数据。

陈晖（2008）比较详细和清楚地论述了云南省和东南亚国家之间的地下经济，以及由此引起的人民币跨境流通。他指出，在云南省跨境的地下经济主要包括走私毒品、玉石、抽木、贵金属、矿、稀有动物、枪支、偷渡，从事赌博、人口拐卖等非法经济贸易活动。其中，以海洛因为主体的毒品地下产值约有119.50亿元人民币。如果根据2000—2004年的平均产量和交易价格及最低的利润作简要计算，大约共计为179.25亿元，其中海洛因92亿元、鸦片7.5亿元，冰毒20亿元。并且，泰国的毒品交易自1997年"金融危机"以来一直使用人民币结算，至今没有改变。除了毒品产业，赌博也是境外人民币流通的核心地带，且已经形成规模经济，其年产值高达约200亿元。在东南亚许多国家如柬埔寨、缅甸、越南、老挝、印度、韩国、马来西亚、菲律宾都有赌场运营。近些年来，随着城市人均可支配收入的不断增加及出国旅行的人数的快速增长，中国人出境赌博的可能性大大增加，有可能造成更多的人民币在境外沉积。

人民币通过非法的路径跨境流动，会给中国带来严重的危害。一方面，资金外逃会减少国内可用来进行投资的额度，国内投资规模缩小，会造成经济增长变缓、失业增加等问题；另一方面，非法外逃资金有可能被用来投机获利，进而再流转回国内，这会引起国内资产价格的变化，甚至引起经济泡沫等。在相关国家缺乏监管制度的环境下，非法交易促使了大量人民币流入周边国家境内，那些流入的人民币在很大的程度上满足了其周边各国境内对中国人民币的货币需求，造成非法流出的人民币挤出境外各国居民对人民币正常需求的局面，从而在一定程度上减少了人民币在周边国家和地区的流通。

5.2 非经济因素对人民币周边化的抑制

一国货币的国际化不仅需要货币发行国经济强盛，还需要强大的政治后盾作为支撑。非经济因素如历史问题、领土争端等也会影响人民币在周边国家和地区的流通和使用，阻碍人民币周边国际化的进程。

5.2.1 国际政治关系对货币国际化影响的理论分析

纵观历史发展，货币产生于人类经济发展过程中，至今已有几千年的历史。从货币形态的演进来看，经历了实物货币、金属货币、纸币、电子货币的演变。目前，商品与货币之间等价交换的关系已逐渐由国家担保的信用关系替代。自从货币与国家信用挂钩开始，货币就是一种权力，除了市场逻辑之外，还有一个政治逻辑，并且后者才是解决问题的关键，才更有助于理解货币问题的本质和现实。货币的运动与国家政治活动日益紧密地交织在一起，二者的交融演进也为国际货币体系的产生与发展产生了重要影响。

一国的综合国力决定了其货币国际化的程度。综合国力不仅包括经济实力，还包括政治地位。国际政治关系也是影响货币国际化的一重大因素。Bergsten（1996）明确指出，一国货币国际化除了需要强大的经济实力，还需要由货币发行国牢固的政治号召力作为支持。① 诺贝尔经济学奖得主罗伯特·蒙代尔在其1999年获奖后发表的经济学演讲中曾表示，"货币因素在许多政治事件中起到了决定性的作用""政治实力在一国（或地区）货币国际化进程中所起到的作用是不容小视的，不能想象一个发行国际货币的国家（或地区）在全球政治经济格局中只占有微不足道的份额"。他在2003年专门分析了国际政治关系影响货币国际化背后的逻辑，认为国家和市场的共存及其相互作用已成为事实，国际政治关系与国家间经济成本和利润的分配相互影响。一国会更愿意使用那些友好国家的货币进行往来，两国关系越密切，公众越倾向于使用该货币，对该货币的依赖性、稳定性越强。因此，与其他国家发展友好关系是一国货币在世界范围内成为长久而举足轻重的国际货币的重要支撑。② 古德哈

---

① BERGSTEN C. The Dilemmas of the Dollar: the Economics and Politics of United States International Monetary Policy [M]. New York: New York University Press, 1996.

② MUNDELL R. "EMU and International Monetary System [C]. The EPR Conference on the Monetary Future of Europe, 1992: 11.

特也曾提出，相比较交易成本决定货币的选择更加合理的理论应当是，"各种货币的空间范围决定与经济成本最小化之间几乎没有任何关系，而起决定性作用的是政治主权"。[①] Eichengreen 和 Flandreau（2010）解释了美元成功替代英镑成为贸易融资市场主要货币的原因，正是与许多国家建立了友好援助的双边关系。货币发行国可以通过地缘政治、军事干预、区域化战略部署、国家货币联盟等对货币的使用产生与市场反向的"锁定"反应。[②]

综上所述，对国际政治关系进行研究的学者普遍认可政治主权对于一国货币国际化有着重要的影响，两国之间的货币交易会随着两国间友好政治关系的加深而增多，反之，当两国政治更多是冲突甚至是战争时，货币交易量会减少。所以，两岸关系的不稳定、中日及与东南亚国家之间的岛屿争端会减少人民币在这些国家的流通，会在一定程度上阻碍人民币周边化的推进。

5.2.2　两岸不稳定政治关系的经济效应

回顾海峡两岸经济关系的发展可以发现，政治因素对一般性的两岸经济交流与合作影响相对较小，但对两岸经济合作制度化安排这种需要公权力介入、协商这类经济合作的影响显得更直接、更大。在海峡两岸关系发展进程中，两岸经济合作制度化进程非常缓慢，并且随着两岸经济合作制度化的推进，政治因素的作用在逐步增强。《海峡两岸经济合作框架协议》（简称 ECFA）是以"九二共识"及一个中国原则为基础签订的。虽然 ECFA 早期收获清单获得全面落实，对台湾的经济效益也有明显促进作用，但是台湾的反对势力仍在试图推翻 ECFA。2012 年 7 月 20 日台湾"行政院公投审议委员会"进行重新审查，黄昆辉希望继续发动"公民投票"来废止已经实施的 ECFA。由于民进党等岛内反对势力在两岸交流互动上有着诸多反对行为以及其在台湾内部有着一定的政治影响力，ECFA 的未来也充满不确定性。2014 年 3 月 18 日，台湾数百名大学生以"反对黑箱服贸"为由，以突袭方式占领立法机构，30 日又动员十余万民众与学生上街游行，反对《海峡两岸服务贸易协议》，直接导致两岸服务贸易协议的暂时搁浅，这证明了政治因素对两岸经济合作的影响，甚至对两岸经济关系发展起关键性作用。两岸经济关系的发展受到政治因素的阻碍，这必将减少以贸易、旅游等主要渠道流出的人民币数量，影响人民币在台湾地区

① 查尔斯·古德哈特. 古德哈特货币经济学文集（上卷）——货币分析、政策与控制机制 [M]. 康以同等，译. 北京：中国金融出版社，2010：42-47.

② EICHENGREEN B, FLANDREAU M. The Federal Reserve, the Bank of England and the Rise of the Dollar as an International Currency, 1914—1939 [R]. BIS Working Paper, 2010.

的国际化进程。

5.2.3　中日关系对人民币周边化的影响

中日既是东亚两大强国，也是世界第二、第三大经济体。中日双边关系的稳定对维护地区及全球和平、增进两国人民福祉有着极其重要的意义。

自 1972 年中日建交以来，有两大问题一直影响中日关系的正常发展。一是日本顽固势力拒不反省战争罪行的错误历史观，例如靖国神社问题；二是钓鱼岛争端。

贸易和旅游是人民币流出国门的两大主要渠道。受钓鱼岛争端、参拜靖国神社等影响，中日贸易和旅游业都不同程度地受到了冲击，据日本财务省统计，2012 年的中日贸易总额较上年减少 3.3%。其中，日本对华出口下降 10.4%，进口虽保持了正增长，但增长率仅为 3%，告别了以往二位数的增长速度。日本对华贸易逆差额接近 168 亿美元，占其对世界出口逆差总额的 86%，成为日本出口减少的主要原因，对华贸易占日本贸易总额的比重因此下降了 0.9%，其中出口占比下降 1.6 个百分点，进口占比下降 0.2 个百分点。进入 2013 年，受日本首相参拜靖国神社的影响，中日双边贸易继续恶化。从对旅游服务的影响来看，钓鱼岛争端导致两国交往减少，往返中日两国的飞机空座率很高，双方航空业损失较大。从 2013 年 5 月公布的 2012 年签证签发的统计来看，2012 年对华签发签证数为 111 万，其中 9—12 月仅签发 14.4 万，较上年同期签发的 25.9 万，减少了 45%。目前，中国游客已经成为日本旅游业发展的主要支撑。中国获得日本的签证数已经连续 11 年位居第一位，占日本签证总数的 56%。从消费来看，中国赴日游客人均消费 16 万日元，是其他国家在日本人均消费 8 万日元的两倍。

两国领土争端，定会伤害两国人民的感情，这将阻碍人民币的国际化之路。中国一直希望通过外交对话解决钓鱼岛问题，也得到了日本国内有识之士的赞同。这将导致两国政治经济关系一直不稳定。日本政府只有不歪曲历史，端正态度，才能与中国政府更好的处理和解决钓鱼岛问题。否则将两国关系逼入死胡同，双方都会为此付出代价。

5.2.4　南海争端

所谓政治问题背后一定有其复杂的经济逻辑，南海争端问题既是历史问题，也包含着地缘政治、资源供给和海上通道等现实问题，更是嵌入货币格局变迁因素的经济与金融问题。换句话说，在全球经济与政治力量重心逐步向东方转移的今天，过去在美国的全球战略棋局中地位并不显耀的南海问题，如今正成为美国介入亚洲尤其是东南亚事务的重要立足点。一旦美国牢牢主导南海问题，则不仅能够巩固其以美元为中心的币缘政治，而且将极大地钳制中国谋求整合区域经济与金融体系的努力。

作为世界经济与政治重要一极的亚洲，自东南亚金融危机以来，显著加快了区域经济合作的步伐，例如扩大双边货币互换规模、增加债券投资、中国-东盟自由贸易区建设的持续推进等，这些都是中国和包括日韩、东南亚等在内的亚洲经济体为节约区内交易成本、增强经济竞争力的战略性安排。中国一直致力于扩大人民币的国际影响力，这在一定程度上会影响美国的全球货币与金融体系的主导者地位。

目前在东南亚，中国稳步推进"一带一路"倡议，并经由亚投行、丝路基金等平台，着力推动区域全球经济伙伴关系，最终促成亚太自贸区的建成，而这将促使人民币在亚洲发挥"锚货币功能"，这是人民币真正摆脱美元束缚的关键步骤。

6 推进人民币周边化的政策建议

中国强大的经济实力是人民币周边化的经济基础。要推动人民币周边化的发展，应保持我国经济的快速发展，稳固并提高人民币在周边国家和地区的影响力，进一步扩大人民币在周边国家和地区的流通规模。要实现人民币的周边化，就要进一步加强中国与周边经济体的经济联系，扩大区域经济货币金融合作，实现共同发展。人民币在周边化进程中遇到的问题归根于我国金融市场的不健全，这就要求我国继续推进金融市场的改革，逐步开放资本账户，促进人民币可兑换进程，为人民币的回流提供便利。人民币离岸市场为人民币周边化的发展做出了重要贡献，应进一步发展完善人民币离岸市场，促进人民币周边化。

6.1 以供给侧结构性改革促进中国经济高速发展

强大的经济实力是一国货币国际化的推动力和根本保证。在国际贸易、资本流动中，选择什么货币作为计价和结算货币，一定程度上取决于货币的交易成本，根本上取决于交易各方对该货币购买力的信心，这种信心主要来自对货币发行国经济实力和国际地位的认可。

中国强大的经济实力为人民币国际化的顺利推进提供了强有力的后盾支持。目前，我国存在经济增速下降、工业品价格下降、实体企业盈利下降及经济风险上升等问题，先前推动中国经济高速增长的动力已经失效，"高投入、高消耗、高污染、低效益"的经济增长方式难以为继，因此加快经济转型升级，构建新的经济增长动力，是中国实体经济可持续发展的当务之急。在这种形式下，以供给侧改革重构中国经济持续发展的基础，能促进中国经济高速发展，使人民币国际化之路走得更加坚定和长远。

6.1.1 中国经济可持续发展的阻力

2008 年国际金融危机爆发以来，全球经济进入了漫长的衰退期，对外依赖度较高的中国经济受到严重影响，国内产业结构不合理问题凸显。尤其是在 G20 国家实施的反危机经济刺激计划下，中国经历了一轮粗放式经济扩张，导致了严重的负债经营和产能过剩，经济背上了沉重的包袱，增长动力严重不足。2015 年，中国 GDP 同比增长 6.9%，比上年下降 0.4%，已是连续第 5 年下降。工业增加值增长 5.9%，比上年下降 1%，亦是连续 5 年下降。工业企业利润同比下降 2.3%，仅 11 月亏损企业数就达 54 459 个，同比增长 17.4%。过去相当长一段时期内作为中国经济增长重要引擎的出口贸易持续低迷，2015 年，中国进出口贸易总额为 39 586.4 亿美元，其中进口总额为 16 820.7 亿美元，出口总额为 22 765.7 亿美元，三者分别同比下降 8.0%、14.1% 和 2.8%。这一切迹象都表明了中国经济可持续发展遇到了阻力，原因可归结为以下几个方面。

6.1.1.1 创新能力弱

2015 年 10 月 29 日，习近平总书记在党的十八届五中全会第二次全体会议上的讲话中提出："我国创新能力不强，科技发展水平总体不高，科技对经济社会发展的支撑能力不足，科技对经济增长的贡献率远低于发达国家水平，这是我国这个经济大个头的'阿喀琉斯之踵'。"《2015 中国大企业发展趋势》报告显示：94 家上榜 2015 世界 500 强的中国企业中，尽管有 74 家申报了研发投入，研发强度为 1.24%，但与世界 500 强企业的平均研发强度 3%~5% 相比，还有较大差距。同时，我国科技创新成果转化不足也是创新能力不强的主要原因。虽然，早在 2013 年，我国 SCI（科学引文索引）和 EI（工程索引）数据库收录的中国科技论文数量就分别达到 23.14 万篇和 16.35 万篇，位列世界第二和第一，但科技成果转化率仅为 10% 左右，远低于发达国家 40% 的水平；专利技术交易率只有 5%。可以说，我们很多科技成果只是或只能停留在学术论文阶段，缺少实际应用价值。

改革开放以来，由于技术水平落后，缺乏核心技术，我国多数企业只能从事技术含量低的劳动密集型产品的生产。相应地，企业的创新意识不强，科研投入较少。2000 年，中国的研发支出占 GDP 的比重只有 0.9%，远远低于美国的 2.6%、日本的 3.0%、英国的 1.7% 和欧元区的 1.8%。科技对 GDP 增长的贡献度不足 20%。从图 6.1 中可以看出，中国的研发支出占 GDP 的比重是逐年增加的，在 2010 年首次超过英国，并逐步接近欧元区水平，但与美国、日本相比，仍有很大的差距。2015 年，我国的研发支出为 1.4 万亿元，是仅次于美国的世界第二大研发经费投入国家。科技创新的本质在于人才的培养，我国科技人才的缺乏是制约中国创新能力的关键。2000 年，中国每百万人口中研发人员仅为 547 人，同期，美国为 3 476 人，日本 5 151 人，英国 2 897 人，欧元区 2 453 人。经过不懈努力，中国的科技人才培养取得了很大的成绩，与发达国家的差距有所缩小。2014 年，中国每百万人口中研发人员达到 1 113 人，大约是美国的 1/4，日本的 1/5（见图 6.2）。

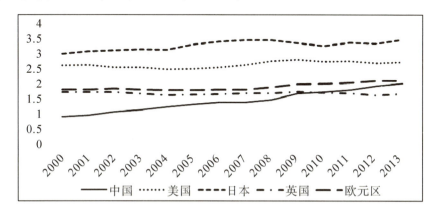

图 6.1 研发支出占 GDP 的比重（单位:%）

资料来源：世界银行。

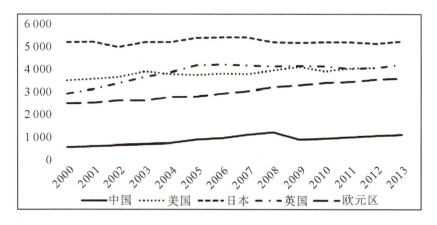

图 6.2 每百万人中研发人员数（单位：人）

资料来源：世界银行。

6.1.1.2 经济结构失衡

中国经济结构失衡的一个重要表现是消费率的逐年下降和储蓄率的持续攀

升。2000—2008 年，居民储蓄意愿陡增，储蓄率从 36.2% 上升到 51.8%，消费率则从 63.3% 下降到 49.2%（见图 6.3）。储蓄和消费结构的变化，使得中国的内需市场萎缩，中国经济的增长不得不转向投资和出口带动。2008 年的全球金融危机以及后续的国际市场疲软，使得国际市场的需求也随之下降，供过于求的结构性失衡以及部分行业产能过剩问题暴露无遗。为了保持一定的经济增长速度，政府被迫采用大力度的扩张性财政政策和货币政策，期许通过扩大投资带动经济发展。大规模的投资使生产能力急剧扩张，而消费增长速度却赶不上资本投入和生产能力的扩张，恶化了内需不足和生产能力过剩的失衡状况。

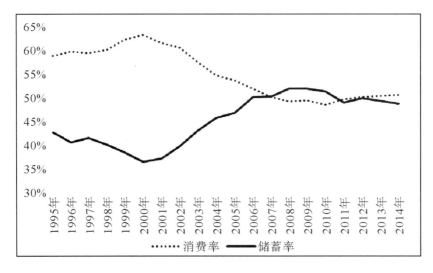

图 6.3　中国储蓄和消费变化情况

资料来源：中国国家统计局和世界银行。

　　部分行业产能过剩，而居民的生活需求得不到有效满足是中国经济结构性失衡的另一个表现。在经济转型升级过程中，钢铁、煤炭、化工、建材、电解铝等 5 大类行业出现了严重的产能过剩。例如，按 2015 年煤炭消费量 35 亿吨估算，中国煤炭产能过剩 22 亿吨，产能利用率不足 70%。在 2015 年，全国规模以上煤炭企业实现利润同比下降 62%，行业亏损面达到 90% 以上，国有煤炭企业整体由 2014 年盈利 300 亿元转为亏损 260 亿元[①]。2012 年以来，我国钢铁产业利用率持续在合理水平线以下，2015 年产能利用率不足 67%，整个行

――――――――――

　　① 连维良. 煤炭行业脱困当务之急是加强供给侧管理 [J]. 中国经贸导刊，2015（36）：21－23.

业亏损严重。在部分产业严重过剩的同时，居民的有些生活需求还得不到有效满足。改革开放以来，我国长期实行"需求引导供给，供给改善需求"的发展策略，在物资短缺、购买力较弱的时期，过多注重"量"上的满足，而对品质和品牌的强调远远不足。随着居民收入水平的提升，消费档次随之提高，使得国内不可避免地出现一方面很多行业产能过剩，另一方面居民还想方设法地到国外或通过代购方式购买一些日常生活用品的现象。如何稳步调整经济结构，减少无效和低端供给，对中国未来经济的发展至关重要。

6.1.2 以供给侧改革促进中国经济发展

在 2015 年 10 月召开的党的十八届五中全会上，首次提出了"创新、协调、绿色、开放、共享"五大发展理念，要求充分发挥市场在经济发展中的基础性作用，要求制定政策的着眼点从以前的需求管理转向供给侧改革。供给侧改革的实质是从生产要素角度出发，通过"去产能、去库存、去杠杆、降成本、补短板"，降低无效产能，盘活资本存量，弥补结构性短板，提高全要素生产率，为中国经济发展培育新的动力。

6.1.2.1 去产能、去库存、去杠杆、降成本

在过去相当长一段时期内，中国经济发展方式具有粗放型经济特征，一些地区为了追求经济增长不惜付出破坏环境等较大代价。为了实现新时期内的经济增长，促进结构转型升级，满足人们对更高生活品质的追求，当务之急是推进供给侧改革的顺利进行，去产能、去库存、去杠杆、降成本，调整产业结构，把侵害经济躯体的疾病都给剔除掉。如一些高污染、高耗能、不符合绿色经济要求的企业应该被关闭，一些加重企业负担、提高经营成本的不合理收费应该降下来。

目前，中国产能过剩的行业主要有 5 大类：钢铁、煤炭、化工、建材和电解铝。探究这 5 大行业产能过剩的原因，不难发现，它们与房地产库存的增加有着高度的相关性。自 1998 年中国实行住房制度改革以来，居民购买住房的热情高涨，加上大量农民工进城，形成了巨大的住房刚性需求，2008 年金融危机之后，政府出台了 4 万亿元的经济刺激计划，进一步推动了房地产行业，商品房销售面积逐年增加（见图 6.4）。在旺盛的住房需求推动下，中国各地大量的商品房拔地而起，房地产行业迅速成为中国经济的一大支柱产业，进而带动了上下游钢铁、建材、家电等产业的快速增长。

自 2010 年以来，政府着手控制房价过快上涨，防止出现房地产泡沫，商品房投资需求下降，库存开始上升。根据国家统计局的数据，2015 年商品房

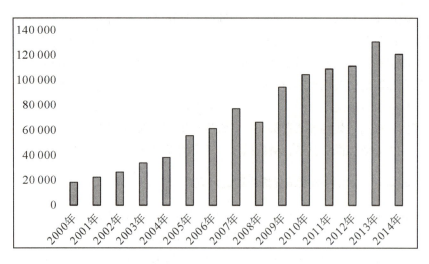

图 6.4　2000—2014 年中国商品房销售面积（单位：万平方米）

资料来源：中国国家统计局。

销售面积为 128 495 万平方米，待售面积是 71 853 万平方米，比上年增加了 9 684 万平方米。从图 6.5 全国商品房待售面积中可以看出，自 2010 年起，商品房待售面积在近 5 年内快速递增，2011—2015 年，年增长率分别为 34%、35%、26% 和 16%，这说明我国商品房库存增加速度快。商品房卖不出去，大量积累，直接影响上游的建材和钢铁行业，导致这些行业库存增加，产能过剩。

针对这 5 大行业的微观企业而言，去产能就意味着停工、停产甚至企业破产倒闭，这会导致大量工人下岗，投入的资本无法收回，因此很多企业都不愿主动采取去产能的措施。对政府而言，上述 5 类行业都是重资本型企业，对地方政府的增长业绩、税收收入、就业等有着重大的贡献，因此，很难让当地政府放弃这些企业，使其停产、倒闭。面对以上去产能、去库存等难以顺利推进等复杂问题，要坚持以下几个重要原则。第一是尊重市场规律，发挥市场在配置资源中的作用。其实，市场竞争的优胜劣汰机制会自动地解决市场中的产能过剩问题。只要政府不干预，产能过剩企业为减低亏损定会减少产出，削减过剩产能。第二是对于国有企业，主管部门应做出科学判断，顺应市场形势，努力推动企业兼并或重组。第三是要进行整体设计。去产能、去库存和去杠杆是一项巨大复杂的工程，涉及多个互相关联的行业，不能单独地去某一个行业的产能或库存，否则容易相互掣肘，事倍功半。

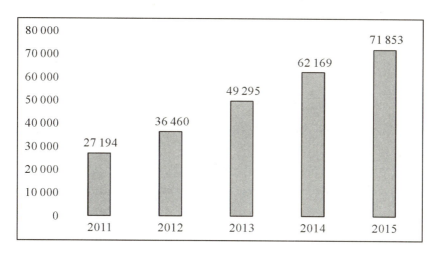

图 6.5　2011—2015 年中国商品房待售面积（单位：万平方米）

资料来源：中国国家统计局。

6.1.2.2　加大创新力度弥补短板

在去产能、去库存、去杠杆和降成本的同时，要增加基础设施、养老、医疗、教育等投入，满足人民群众日益增加的物质文化需求，提供有效的供给。补短板的关键在于加大创新提高技术进步，加大科研投入弥补技术短板，从而提高劳动生产率。

首先，要鼓励发展科技创新。科技对主要工业国家的国民经济增长的贡献率超过50%，在美国，科技对经济增长的贡献率更是超过70%。而中国的科技贡献率则不到50%。中国要提高在国际产业链上的竞争力，要采取多个方面的综合措施来鼓励科技创新，不断提高产业的技术含量和劳动生产率，推动贸易和产业结构升级。具体措施包括：鼓励银行、证券等金融机构对创新性企业进行金融支持，增加其融资便利性，降低融资成本；政府对自主创新性企业给予税收激励，减免创新企业所得税；引导投资流向高新技术领域，对投向高技术含量企业的 FDI 采取适当的税收优惠，同时增加对低技术产业融资力度的约束；鼓励企业增加研发投入经费等。

其次，加强与发达国家高端制造业的合作。发达国家的众多企业拥有国际知名品牌和核心技术。虽然中国一些企业具备了雄厚的经济实力和较强的吸收先进技术的能力，但在激烈的国际竞争中，亟须拥有核心技术，才能实现产品升级。核心技术主要是通过自主研发获得的，但在合适的条件下，通过合作、购买发达国家的先进技术也不失为一条捷径。特别是 2008 金融危机之后，西方不少发达国家的制造业因为市场萎缩难以生存，以至于有出售自身拥有的品牌以及核心技术的动机，中国应抓住机会，结合产业升级的实际需要，选择理想的目标企业，通过合作或购买的方式来充实自身的技术，以便跻身于国际产业链的高端领域。

最后，加强国内品牌建设。随着人们生活水平的提高，人们的消费标准开始提升，更加注重品牌和质量。培育一大批国内知名品牌，是中国实体经济能够抵御各种不利冲击的保障。人们对国产品牌一直以来都有种低质、低价的印象，高端消费多选择进口产品。中国政府应制定法律法规，从知识产权上保护企业发展品牌所需的良好环境，严惩假冒伪劣等侵犯知识产权的行为，规范市场环境，加强对国内产品与品牌的宣传。同时，中国产业转型离不开国际市场，在鼓励企业"走出去"的同时，推广中国品牌，多利用驻外领事馆以及当地华人团体机构，定期举办中外企业都参与的展会，帮助外国消费者了解中国产品。此外，还可以借鉴联合利华和宝洁公司等跨国企业的品牌管理战略，以适当的代价收购当地知名品牌，以建立畅通的销售渠道推广国内产品。

6.1.2.3 充分利用"一带一路"倡议带给供给侧改革的动力

"一带一路"倡议对于中国来说是对外市场的继续扩大，而供给侧改革则是对内市场的协调。

"一带一路"倡议为供给侧改革提供了动力，无论是大型国有企业还是民营企业都应该从国家倡导的产业政策中寻找新的发展方向。供给侧改革是对产业行业调整的警示，我国市场的繁荣和人民生活水平的提高需要所有企业在创新领域的共同进步。在我国，国有企业的创新能力直接影响中国经济长期的发展表现，决定着中国经济的发展速度，还在很大程度上影响着人民的生活水平和民营企业的发展。当国有企业的创新力有了和国际同行业顶尖企业竞争的资本时，中国消费者便不用再花费高额的费用去国外购买产品，节省了时间和金钱，同时扩大了中国的消费市场。民营企业的发展同样依靠自身的创新力，产品有创新才会有市场，在这方面，很多民营企业已经走在了前面，如以华为为代表的信息技术企业，以阿里巴巴为代表的互联网企业等，在研发、创新等方面都远远超过国有大型企业以及大型企业集团的平均水平。因此，在中国的市场中，国有企业必须加快科技创新进程，争取站在科技进步的前沿，同时不能凭借自身垄断市场的地位谋求一身之私而影响到整个国民经济体系的创新。

"一带一路"倡议为供给侧改革提供了良好的环境支持。"一带一路"倡议将亚洲国家联系了起来，构造了一个以中国为中心的亚洲信息网。在信息高速发展的今天，信息在某种程度上可以产生实际的价值，通畅的信息交流是共同进步的基础，唯有相互分享有价值的信息，才能更好地共同发展。从全球的经济来看，亚洲广大发展中国家如果想避免在经济发展的道路上被发达经济体所钳制，就要联合起来谋求共同发展话语权。从这个方面来说，发展中国家的联合是对世界现在不公正经济体系的一种反对，也是在世界上求生存、求发展所必须经历的过程。

"一带一路"倡议对供给侧改革的支持会渗透到社会的各个方面。"一带一路"倡议带来的不同国家和地区间交流对文化的发展与融合也是前所未有的。中国拥有灿烂无比的传统文化，有迥异于西方思维的东方价值观体系，"一带一路"倡议和供给侧改革将为中国文化的复兴与传播提供条件。文化产业的兴起会带动更多相关产业的发展，为中国软实力的提高奠定坚实的基础。从某种意义上来说，中国未来经济的转型必将更加注重文化层面的建设，比如现在的韩国。韩国文化的输出为韩国带来的经济增长日益加强，我们应该学习其进步的地方。

6.2　加强周边区域内的货币金融合作

在全球经济一体化的趋势下，中国必须加强与周边区域的国际经济与区域货币金融合作，有效地推进人民币周边化进程。

6.2.1　扩大人民币互换范围和期限

随着国际金融危机的频繁出现，为了规避风险，各国储备外汇呈现出多元化的现象。货币互换，是成为其他国家储备货币的一个捷径。2001 年 12 月 6 日，我国签署了第一份货币互换协议，即与泰国银行签署的金额为 20 亿美元的货币互换协议。从此以后，中国政府开始不断与世界各地的央行签订本币互换协议，这一方面是为了维护地区金融稳定并推动区域间的金融合作，另一方面也是为了满足人民币国际化进程中的客观需求。货币互换属于中国货币当局公开操作的一种手段，以人民币为抵押，从别国借入一笔外汇贷款用于投资国内的实体经济。货币互换有利于互换双方规避国际金融危机风险，并且提高两种货币在国际市场上的流通性，这不仅可以促进两国间的经济贸易和投资往来，还能为区域经济金融稳定带来积极影响。人民币通过与其他国家货币的互换，这在一定程度上实现了人民币国际计算、投资和外汇储备的国际货币之职能。

随着中国经济的崛起，综合国力的提升，人民币币值的相对稳定，人民币吸引了世界各国人民的目光。特别是人民币又加入了特别提款权货币篮子，这将会导致世界对人民币的需求大幅度增加。因此，在此背景下，中国应继续扩大人民币与其他货币的互换规模。货币互换不仅可以扩大人民币向国外市场的合法流出，增加境外人民币存量，还会提高人民币在国际贸易和投资中的使用比例。

6.2.2 积极参与东亚货币合作

一方面，中国作为亚洲强国，以其增强的经济实力、巨大的市场容量和消费能力以及负责任的大国形象逐渐成为区域发展中的动力源和稳定器。另一方面，中国经济的快速发展打破了东亚地区原有的经济平衡，"中国威胁论"悄然兴起。在这种情况下，中国积极参与东亚货币合作，既能发挥自身对东亚地区的引擎作用，又能借东亚货币合作，使周边经济体安心，因此，中国参与东亚货币合作逐渐成为东亚各国的共同选择。早在 1990 年，马来西亚总理马哈蒂尔提出组建"东亚经济集团"的倡议时，中国就表达了积极热情的态度。1997 年"10+3"机制启动后，中国更是积极参与了各个层次的地区合作，并建立了"以邻为善、以邻为伴"的外交战略。

6.2.2.1 区域货币合作的必然性

随着世界经济一体化进程的加快，区域货币金融合作将成为新的潮流。在经济、金融的发展形势下，为避免金融动荡，各国必须加强区域货币金融合作。

首先，经济一体化条件下宏观经济稳定与微观经济效率提高促使区域货币金融合作。在经济全球化和金融国际化背景下，金融合作与货币协调是区域一体化成员国经济与制度领域和空间的一系列功能性调整与制度性变迁的组合，它具有宏观经济稳定性与微观经济效率提高的功能。具体表现为：其一，货币协调意味着与汇率波动相关的低效或无效问题得以解决，区域内货币政策的协调或单一货币（交换媒介和记账媒介）的使用，有利于交易成本的节约和宏观经济的稳定。其二，货币协调要求相关国家或经济体经济政策的广泛合作与协调。经济全球化和区域一体化决定了各国经济相互依赖性加强，宏观经济政策"溢出效应"的普遍存在。协调乃至统一的货币政策，有助于解决逆效合作、机会主义及其搭便车行为，进而提高资源的配置效率。在区域经济一体化合作进程中，合作形态由低级逐步向高级发展，合作领域逐步由实体经济领域向货币金融领域扩展，这是一个动态的、逐步递进的过程。随着区域经济一体化的推进，区域成员国间的贸易不断扩大，对于实施货币金融合作、采用共同货币区的需求越来越迫切。

其次，国际货币体系的多元化发展趋势催化区域货币金融合作。在现行的国际经济形势下，单纯以美元作为国际结算货币和储备货币的风险较大，因为美元汇率波动频繁且幅度加大，这对大部分储备货币都是美元以及在国际结算中用美元作为主要结算货币的国家很不利，会导致美元储备价值缩水和国际贸易风险剧增。对于发展中国家而言，还有可能会导致货币错配风险。因此，现有的国际货币金融体系不足以支撑国际经济发展的需要，改革国际货币金融体系迫在眉睫。在此背景下，对于区域经济的稳定和发展而言，最好的选择莫过于进行区域货币金融合作。

最后，金融危机与风险的防范要求促使区域货币金融合作的发生。20世纪70年代以来，世界经济遭受的经济波动和金融危机日益频繁。1997年亚洲金融危机影响之大、危害之深、范围之广令人触目惊心；而始发于2007年的美国次贷危机演发的国际金融危机，更是震撼全球。国际金融危机的频频发生使得各国的金融偏好开始由激进型转变为稳健型，而这往往需要同一个区域内多国的金融协调合作才能实现。原因在于：一是金融危机的传染性。区域一体化内的国家间往往拥有紧密的金融关联和经济贸易往来，所以当一国发生金融危机后，邻国的宏观经济也会较快恶化，从而也出现危机。二是区域金融稳定的公共产品特性。这意味着，金融危机的防范和解救不仅要借助全球性国际组织的帮助，区域性的金融协调合作和制度安排有着特殊的意义。区域货币金融协调合作的目的是为了发展区域内经济与金融，稳定金融秩序与金融市场，避免合作国经济的内外失衡，抵御对称性与非对称性投机冲击，防止金融危机与金融风险的蔓延。为了达到上述目的，各国只有经过货币政策的国际协调合作，才能谋求长远利益而持续稳定发展。

6.2.2.2　东亚区域货币合作的发展历程及现状

1997年亚洲金融风暴出现以后，东亚各经济实体进一步认识到加强区域货币金融合作的重要性，采取了一系列尝试性的措施，并就货币金融合作达成初步共识。日本政府提议建立"亚洲货币基金组织（AMF）"来抵御危机。具体是由中、日、韩三国及东盟国家共同筹资1 000亿美元建立共同基金，帮助遇到危机的国家摆脱困境。1998年10月，东盟各国签订了《理解条约》，建立东盟监督机制，旨在加强东盟集团内部的决策能力。同期，日本在"亚洲货币基金"的基础上提出"新宫泽构想"计划，建议成立总额为300亿美元的财政援助计划，其中的150亿美元主要用来恢复亚洲各国的经济，另外

150 亿美元满足亚洲地区对短期资本的需求。同年 12 月，时任菲律宾总统埃斯特拉达在东盟首脑会议上首次提出在亚洲实行单一货币的构想，成为亚洲货币的首次动议。

进入 21 世纪以来，东亚区域货币金融合作速度加快，并取得了实质性的进展和成果。2000 年 5 月《清迈协议》的签署，标志着亚洲区域货币金融合作正式进入实质推动阶段，其主要内容包括：扩大货币互换规模。货币互换机制包括两个层次，多边货币互换机制和双边货币互换机制。双边互换机制是东盟各经济体与中、日、韩每两个经济体之间（"10+3"）签订的货币互换协议。例如，日本与韩国、泰国和马来西亚达成双边互换协议，互换金额达到135 亿美元。根据双边货币互换协议，协定方可以在协定金额内借得国际货币的期限长达 90 天，并且可以展期 7 倍于 90 天的时限。此外，还包括建立地区性磋商机制，成立预防货币危机产生的监督机构，对成员国的经济发展、金融市场等方面进行长期跟踪监督，防止制定可能导致危机发生的政策；建立一个联络人员网络促进东亚地区监督机制。2001 年 5 月，在东盟 "10+3" 财政会议上达成建立东盟 "10+3" 早期预警系统的共识。同年 11 月，时任中国国务院总理的朱镕基在第五届东盟 "10+3" 首脑会议上提出在未来 10 年内建立中国-东盟自贸区的倡议。2002 年 7 月，日本财务大臣盐川正十郎在亚欧财长会议（ASEM）上为以单一货币为目标的亚洲货币体系提出议案，该议案描述了亚洲货币体系的模式及进程。同年 10 月，泰国政府在世界经济论坛东亚经济峰会上提出了成立 "亚洲债券基金" 的畅想。2003 年 6 月，亚洲债券基金正式启动。同年 8 月，东盟 "10+3" 金融部长会议达成建立 "10+3" 金融合作基金的计划，旨在提高区域内经济监督的效率并强化区域内经济预警机制。2005 年，第八届 "10+3" 财长会议在伊斯坦布尔召开，就改善清迈倡议中的货币互换机制达成可操作性的共识。2007 年 5 月，第十届 "10+3" 财长会议在东京召开，会议就在东亚范围内设立共同外汇储备基金达成共识，目的是为了帮助解决危机国家短期资金流动困难的问题。2009 年 2 月，在泰国召开 "10+3" 特别财长会议，决定将区域外汇储备基金规模进一步扩大至 1 200 亿美元。2009 年 12 月 28 日，"10+3" 财长和央行行长以及香港金融管理局总裁宣布正式签署清迈倡议多边化协议（CMIM），并在 2010 年 3 月 24 日正式生效。在 2010 年 4 月召开的第 16 届东盟峰会及系列会议上，东盟 "10+3" 金融高官决定在 2011 年 5 月设立 "东盟中日韩宏观经济研究办公室" 作为清迈倡议资金运用的监督管理机构，这是亚洲区域化货币合作的关键一步。2012 年 5 月 3 日，第十五届东盟与中日韩 "10+3" 财长和央行行长会议就区域金融安全网建设问题进行了探讨，并将清迈倡议多边化机制下的区域外汇储备基金规模从原来的 1 200 亿美元增加到 2 400 亿美元，提高与 IMF 贷款规划的"不挂钩比例"。2013 年，第十六届"10+3"财长和央行行长会议在印度德里举行，会议审议通过了将"10+3"宏观经济研究办公室（AMRO）升级为国际组织的协议草案，继续加强 AMRO 的机构能力，使其切实履行经济监测职能。其具体协议于 2014 年 10 月完成签署。2015 年 12 月 31 日，东盟共同体正式成立。2016 年，第十九届东盟与中日韩"10+3"财长和央行行长会议同意当年启动五年一次的清迈倡议多边化协议定期评估，并探讨 CMIM 融入全球金融安全网有关问题。

6.2.2.3 积极参与东亚货币合作的措施

积极参与东亚货币合作，是推动人民币走出去的一条有效途径。同时，中国参与东亚货币合作可以推动国内的金融改革，增强金融体系的稳健性。首先，中国参与东亚货币合作可以减少汇率波动风险。为维持区域内各成员国间贸易和投资的稳定发展，各成员国会进行汇率制度的协调与合作，维持汇率的相对稳定。其次，中国参与东亚货币合作可以降低金融风险发生的可能性。最后，降低通货膨胀和利率水平，促进经济稳步增长。因此，作为东亚最大的发展中国家，中国不仅应该继续参与东亚合作，还应采取积极有效的对策推动东亚货币合作的发展进程。

（1）积极倡导"东亚共识"

"联合才有出路"合作理念是区域货币合作的重要前提。正是在这种理念下，第二次世界大战后，西欧各国摒弃前嫌，在不断克服各种障碍的道路上谋求合作，最终建立了货币联盟。在东亚，1997 年金融危机过后，各国也普遍意识到需要联合起来共同防御和抵抗金融危机，进而形成"东亚共识"。但是与欧盟的合作理念相比，东亚的合作意识具有短期性。在危机期间和危机刚过期间，东亚各国的合作意识非常强烈，但随着时间的推移和彼此间利益分歧的增多，合作的进程则开始放缓。当然，这与东亚地区经济发展水平、政治体制、历史文化、宗教信仰的不同相关，但不可否认的是，这种合作意识的不稳定已经很大程度上影响了东亚合作的进程。

中国作为地区性大国，应充分发挥大国的影响力，通过官方对话、会晤、协商等机制以及民间交流等方式，积极倡导东亚共识。在面对东亚地区不同的利益取向问题时，中国应宣传欧洲当年所秉持的"合则两利、分则各败"的信念。东亚地区既有经济高速增长的国家，也有世界上相对落后的国家，但彼此之间休戚相关，一荣俱荣、一损俱损。只有求同存异，谋求互利共赢才能维护东亚地区汇率的稳定和金融安全。虽然当前东亚合作受到各种现实条件的限制，但只要东亚有共同的理念，共同寻求合作，设计一个有效、符合东亚地区情况、有东亚特色的货币合作方案，促进东亚货币一体化还是很有前景的。

（2）积极参与建设东亚货币合作模式

东亚地区各经济体之间在经济发展水平、历史文化、宗教信仰以及意识形态方面差异巨大，这决定了东亚货币合作不可能完全复制欧元的成功之路。东亚地区应结合自己的实际情况，有所扬弃地借鉴欧洲经验，设计出一种适合自身特点的货币合作模式。

对于东亚货币合作的路径选择问题，目前学术界主要有两种观点：一是主张东亚货币合作效仿欧洲，从起点较低、争议较少、各经济体都关心的经济领域入手，在此基础上再循环渐进地向其他领域发展，最后实现经济货币联盟乃至政治联盟的目标。二是主张一开始就寻求很多的区域共识，在政治、经济、安全、文化等各个领域广泛开展协调与合作，以便形成一个全方位的区域合作网络。对此，本书认为第二种观点会使区域有限额资源更加分散，各种领域合作齐头并进，会影响各经济体合作的深度，不利于区域意识的形成与深化。因此，在东亚货币合作的路径上，本书认为还是应该借鉴欧洲经验，从难度小、层次低的经济领域入手，再逐步向难度大、复杂的领域延伸，一步一个脚印，循环渐进，从低到高以此推进。

从整体上看，东亚地区并不满足最优货币区理论的要求，但是在某些次区域，还是比较满足构建最优货币区的标准。在1999年，就有学者提出东亚应该首先在中国台湾、日本、韩国和中国香港、印度尼西亚、马来西亚、新加坡两个次区域先形成各自的货币区[①]。还有学者们主张首先在中国大陆、港、澳、台之间和东盟以及日韩之间分别形成中华经济圈、东盟经济区和日韩经济区。虽然，目前就哪些次区域先开展货币合作尚未达成共识，但有一点是肯定的，那就是东亚货币一体化的路径将表现为在较为成熟的次区域先组建货币区，再逐渐过渡到整个东亚区域。

（3）协调中日在货币领域的合作

目前，东亚货币合作更多的是以东盟作为区域合作的倡导者、发起者和主导者，由于东盟成员国大多为发展中国家，很难在东亚货币合作中发挥轴心国家的作用，因此，东亚货币合作取决于中日两国的态度。中日两国是东亚最大

---

① BAYOUMI E. Is Asin an Optimum Currency Area? Can it Become One? Reginal, Global and Historical Perspecctives on Asian Monetary Relations [EB/OL] (1999-11-12). http：//www. ideas. com.

的两个经济体，缺少其中一个的参与和支持，都对东亚货币合作有着巨大的影响。

若是中日两国能共同致力于两国关系的改善，共同推动东亚货币合作，那么两国都将从中获利。首先，从经济上来看，中日之间的贸易互补性很强，若是中日关系改善，必会促进两国的经济发展。其次，在政治方面，若是日本能做到正视历史，有利于改变其长期"经济巨人、政治侏儒"的窘境。最后，东亚货币金融合作能大大促进人民币和日元在亚洲乃至世界的流通和使用，从而加大两国货币区域化和国际化的进程。

若是中国积极谋取合作，而日本不愿承认历史问题，没有诚意推动货币合作，这对双方都没有益处。政治与经济关系是相互联系的，政治上的友好必会促进经济上的往来，反之，则会对两国经济上的合作起到阻碍作用。若是日本不愿正视历史，两国间的经济往来必会受到影响，这对日本的冲击会更明显，因为日本对中国的经贸依赖性更强。日本不愿正视历史不仅会损害其经济发展，还会影响其与韩国的关系以及其在亚洲的威信与地位。总之，这一结果不利于东亚货币合作的开展，中日双方都会因此受损。

当前，对中国来说最有利的情况是与日本一同推进东亚货币合作。日本的情形与此相似，最好与中国一道成为东亚货币合作的轴心国。这就需要双方增加互信和了解，促进双方关系的改善，快速推动东亚货币合作。

目前，东亚货币合作还处于比较松散的初级阶段，因此东亚各国应积极推进货币金融合作，共同提高经济发展水平，缩小区域间各国的经济水平差距，建立货币金融合作的政治基础。在此过程中，中国作为一个经济大国，需要承担的责任和任务更多，因此中国更应积极参与东亚区域内的经济金融合作，推动合作的深入，奠定人民币在区域内主导货币的地位，促进人民币的广泛流通和使用，为人民币的周边化创造良好的外在环境。

6.3 推进香港人民币离岸金融中心建设

人民币离岸金融中心对人民币国际化具有重要的支撑作用，对人民币周边化更是有着不可估量的积极影响。随着中国整体经济实力的增强和人民币国际地位的提高，人民币离岸金融中心建设问题受到越来越多人的关注，而香港是人民币离岸金融中心的首选。在国际经济高速发展的新形势下，该如何保持并提升香港国际金融中心的地位，引来各方的关注和讨论，若在香港建立人民币离岸金融中心将能够带动香港整体经济的发展，进一步巩固和提升香港国际金融中心的地位。

6.3.1　离岸金融中心概述

离岸金融市场，也称作离岸金融中心，或者新型国际金融市场，是指在高度自由化和高度国际化的金融管理体制和优惠的税收制度下，在一国金融体系之外，由非居民参与的进行资金融通的市场①。离岸金融相对传统的在岸金融市场具有许多特殊性：一是离岸金融业务以非居民金融交易为主体；二是离岸金融业务中使用的主要是境外货币，资金来源主要为国外资本，资金的运用主体为国外筹资者；三是市场经营主要遵循国际准则，不受货币发行国与业务开展所在国的法规限制。总体来说，任何国家或地区，只要以外币作为交易标的货币，并且交易在非居民之间开展，且市场中的此类资金交易不受当局金融法规管制，则这样的市场就可称为离岸金融市场。

依据不同的标准，可以将离岸金融中心划分为不同的类型，从职能角度可将离岸金融市场分为四大类型，这也是金融界对离岸市场最普遍的分类，即内外一体型、内外分离型、渗透型和避税港型。内外一体型模式下的离岸金融业务和在岸金融业务不分离，资金可以自由出入境，目的在于发挥离岸和在岸市场上资金与业务的互补以及促进作用，这一类型的离岸金融中心主要代表有伦敦和中国香港。内外分离型与内外一体型正好相反，它将离岸业务和国内在岸业务严格分离开，它要求进入离岸金融市场的金融机构必须开设离岸业务专门账户，离岸业务必须在设立的专门账户内进行。这一模式以美国的国际银行设施和日本离岸金融市场为代表。渗透型则是介于这两者之间的一种形态，它以内外分离为基础，政府在有限的范围内允许内外金融业务混合，这种模式的离岸金融市场可以在维护国内市场稳定的前提下，快速稳定地利用外资，新加坡的亚洲货币单位（ACU）就是这种类型的离岸金融中心。避税港型主要设置在一些岛国，其特点是在不需要纳税的某个城市虚设一个金融机构，在其账户上处理对外交易，而不进行实际资金交易，这一类型的离岸市场只起着记账中心的作用，典型的有巴拿马、开曼群岛离岸金融市场。

20世纪50年代至60年代，各国政府为加强对货币政策的控制，纷纷对本国金融业实行严格、广泛的管制。这导致许多国内金融机构、跨国公司纷纷将

---

① 巴曙松，郭云钊. 离岸金融市场发展研究——国际趋势与中国路径 [M]. 北京：北京大学出版社，2008.

金融业务转移到政策环境宽松的其他地区，逐渐形成"离岸市场"。在离岸市场形成初期，离岸交易主要集中于伦敦等几个欧洲城市，所以这一市场又称"欧洲市场"。其他国家也意识到离岸金融中心给本国带来的经济效益，都主动建立本国的离岸中心或提供"准离岸"金融服务。而离岸中心不需要本国拥有强大的经济实力或资本净出口，因此20世纪70年代以来，许多发展中国家也加入这一行列，典型的代表如新加坡。新加坡政府利用其有利的地理环境，以低税收等优惠条件吸引外资银行落户，有意识地扶植国际金融业务的发展。亚洲美元市场及亚洲美元债券市场逐步形成。进入20世纪80年代，新加坡已成为亚洲的主要国际金融中心。1997年东南亚金融危机之后，为进一步巩固和发展新加坡作为国际金融中心的地位，新加坡政府通过加强金融中心的基础设施建设、加大金融业开放力度、促进税收优惠政策、推进金融法制环境建设等措施，有力地促进了新加坡国际金融中心建设，并使其竞争力稳步提升。

6.3.2 建设香港人民币离岸金融中心的意义

在世界经济一体化背景下，各国、各地区在货币、资本以及货币政策等方面相互影响、相互融合，金融全球化是世界经济发展过程中一个难以逆转的趋势。中国要想在此浪潮中取得主动权，可以通过人民币国际化来实现。一国货币的国际化离不开离岸市场的支持。美元国际化是随着美国银行海外业务的扩展以及欧洲美元市场的发展逐步实现的。英镑的国际化也是遵循了同样的发展路径。这些历史经验表明，离岸中心的建设会推动一国货币国际化的实现。因此，我国也应该积极地着手建立人民币离岸中心。

香港作为国际金融中心，有着成为人民币离岸中心的绝佳条件。首先，香港拥有独特的地理位置和成熟规范的市场运行机制，且拥有天然深水港口，地理位置优越，是全球及亚洲贸易路线的中心点，又是通往中国内地的要道。香港市场经济发达，市场经济体制完善，又与内地有着特殊的政治联系，使香港成为内地境外人民币最理想的离岸业务市场。其次，香港是境外人民币的重要集散地。中国内地是香港的第一大贸易伙伴，香港则是中国内地境外投资的主要来源地。与此同时，内地还是香港旅游市场的最大客源，大量的内地游客拉动了香港经济的繁荣发展。随着内地与香港之间贸易、投资和旅游等各种经济文化活动的扩大，香港成为人民币重要的境外集散中心，为香港人民币离岸业务的开展提供了资金支持。再次，香港作为国际金融中心，经过多年的发展，储备大量的金融人才，在金融基础设施和相关制度建设方面有着成功的经验，为人民币离岸业务的顺利开展提供了有利条件。香港拥有世界上最发达的电信系统，可以与50多个国家进行直接的通信联系和网上金融交易。香港还凝聚了众多实力雄厚的银行结构，几乎所有的跨国银行在香港都有分支机构。同时，香港的支付结算系统也很发达，为世界主要货币之间的兑换与金融交易提供同步交收服务。在金融市场制度建设方面，香港市场法律制度完善，法制体系透明度高，市场运行效率高，这一切为投资者的金融交易提供了安全保障。最后，香港金融中心人民币业务发展迅速，已取得了一定发展。

就我国目前情况而言，在香港建立人民币离岸金融中心，不仅对我国内地有积极作用，对香港本身也是一个绝好的发展机会，因此有着"双赢"的前景。香港人民币离岸中心不仅有利于人民币国际化，还有利于形成一个完全市场化的人民币利率指标，能较好地反映商业风险，可以为内地人民币利率形成提供有效的参考。此外，把香港培育成人民币离岸金融中心后，还便于监管部门掌控人民币在境外的流通规模，因为国家金融监管部门可以将境外流通的人民币、香港地区地下流通的人民币等都纳入正规银行体系，从而使得我国监管部门对人民币境外流通的监管变得更加有效。这在一定程度上也有利于打击非法的人民币地下交易和投机分子进行的洗钱活动。对于香港而言，建设香港人民币离岸中心能为其增添独特优势，巩固和提升香港现有的国际金融中心地位，带动香港经济繁荣发展。

6.3.3 进一步发展香港人民币离岸金融中心

人民币国际化进程启动以来，香港人民币离岸市场发展成绩良好。第一，人民币跨境贸易结算规模迅速增长。2015年，香港地区共办理了人民币结算2 581.9亿元。第二，人民币存款额较大。由于跨境贸易规模的迅速增加及持续存在的贸易顺差，逐渐形成了离岸人民币存款市场。第三，人民币债券市场加速发展。据香港金管局数据显示，2014年，香港地区累计发行1 795亿元人民币点心债，同比增长超过100%。

在未来的时间段内，应进一步完善香港人民币离岸市场。第一，丰富以人民币计价的金融产品类型。目前香港人民币离岸市场需要加快离岸人民币业务创新，丰富金融产品类型和服务体系，增加对境外人民币持有者的吸引力，形成一个依靠市场力量自行运转的人民币循环机制。第二，继续深化香港人民币离岸市场中人民币债券市场建设。目前香港人民币债券市场需要扩大人民币债券主体的投资规模。因此可放宽境内机构赴港发行债券的条件，允许并鼓励境内有较大需求的金融机构、中小企业等在香港发行人民币债券，使所筹集的资金用于内地业务。同时也拓展世界范围内投资者来源，允许世界各地的人民币持有者在港设立人民币账户，投资人民币债券。第三，为香港人民币离岸市场的发展提供必要的人民币支持。目前离岸人民币市场资金池呈现缓慢增长趋势，因此可考虑扩大中国内地与香港地区的人民币互换，支持人民币业务发展。第四，借鉴发达国家的经验完善离岸市场的法律法规建设。首先，加强离岸市场的准入管理。对进入人民币离岸市场的投资者和金融机构进行严格审核。其次，加大对开展人民币业务的金融机构的监管力度。掌握金融机构的资金来源、用途等信息。第五，加快在岸金融市场改革的脚步。目前，在岸人民币市场利率、汇率尚未完全市场化，而离岸市场是按照开放性的市场化原则运行的，人民币利率与汇率是由市场决定。离岸市场上形成的人民币利率与汇率会对在岸市场产生一定程度的冲击，某种程度上会倒逼在岸金融市场的改革。

在完善离岸市场发展的同时，还应处理好离岸市场与在岸市场的协调发展。国际经验表明，货币离岸市场和在岸市场对一国的货币国际化有着同样的重要意义。一方面，开放度高和管制较少的离岸市场能为货币提供境外存放和流通场所，以便该货币在国际范围内的流通；另一方面，在岸市场能为离岸市场源源不断的本币需求提供正常的流出渠道。

离岸市场需与在岸市场协调发展。这是因为，如果离岸市场高度发达，而没有发达的国内市场和与之相匹配的金融服务，将会导致本币定价过分依赖境外市场，这不仅将增加央行宏观调控的难度，而且还会因为境外金融市场的发达，从而部分甚至全部替代本应由国内金融市场提供的金融服务，导致国内金融市场对本币的资源配置能力下降，长此下去，国内金融市场可能会出现空心化现象，这将对国内的金融体系安全形成威胁，因此，我国在把香港打造成人民币离岸金融中心的同时，要协调其与国内金融市场的共同发展。目前，在境内外金融市场培育方面，中国选择香港和上海作为人民币离岸市场和在岸市场，并得到初步发展。

如何处理好离岸市场和在岸市场的协调发展，这是任何一种货币在国际化进程中都会遇到的问题。由于本币的离岸市场和在岸市场在政策环境、产品业务等方面存在着开放程度不同的问题，对于政策制定者而言，最简单的方法莫过于制定两套不同的政策分别用来管制离岸市场和在岸市场。但历史实践证明，这种人为的分割化管理并不利于货币国际化的顺利推进。这就需要通过改革国内金融市场，加大在岸市场与离岸市场之间的联系，从而推进人民币国际化的正常发展。以日元为例，日元没能成功完成国际化的一个重要原因就是对国内金融市场进行各种隔离，使国内市场与离岸市场不能协调发展。20 世纪

80 年代，日元借助东京离岸金融中心的建设推动日元国际化，当时日本政府为了避免国内经济和金融受到国际金融市场波动的影响，对国内金融市场设置各种限制进行隔离保护，在这种政策引导下，日本金融机构和企业只能广泛地开拓海外市场，使国内金融市场出现严重的"空心化"，而与实体经济密切相关的企业债、金融债融资比例大幅度下降，使日本的实体经济受损。虽然东京离岸金融中心有利于日元的海外流动，但是大部分外流的日元又通过日本海外银行分支行流回国内，以满足日本企业的资金需求。在这种背景下，大量流往海外的日元并没能广泛地在国际上流通和使用。从日元国际化失败的教训中可以看出，如果不能处理好离岸市场和在岸市场的关系，就难以实现真正的国际化。

总的来说，香港人民币离岸中心作为人民币国际化的重要战略之一，会积极推进人民币国际化的进程，但是它带来机遇的同时也有风险。我国在进一步推进人民币离岸市场建设的同时，应认真积极解决其中的风险与问题，做到化风险为机遇，统筹在岸金融市场和离岸市场的协调发展，建立人民币走出去、回得来的循环机制，促进人民币在周边区域乃至全世界的广泛流通与使用。

6.4 继续推进我国金融市场改革

我国目前的金融市场不足以为人民币国际化的进一步发展提供充足的动力，因此必须深化我国金融体制改革，完善金融体系，提高我国金融市场的市场化程度。现在我国正处在金融体制改革的过渡阶段，即从一个相对封闭的金融系统走向开放金融体系。其中，迫切需要解决的问题是利率市场化改革和逐步实现资本账户开放。

6.4.1 加快利率市场化改革

利率市场化关系到社会资金的配置，是我国金融体制改革的核心问题。从理论上讲，利率作为货币的价格，应该与其他商品一样由市场来决定，但是货币作为一种特殊商品，其价格是由市场还是政府来定，在不同的发展阶段又有不同的选择。

6.4.1.1 我国利率市场化改革进程与成效

我国利率市场化改革在 1993 年被明确提出，1996 年起正式开始进行，到目前已有 20 多年的发展历程。我国的利率市场化改革是审慎的、渐进的，因为改革过程是由政府主导的，改革进程取决于政府的各项经济指标完成情况。具体而言，我国利率市场化改革主要包含以下几个方面：

首先，存款利率、贷款利率和外币利率方面。因为要推进产业发展，我国的贷款利率都比较低。贷款利率上限和下限分别在 2004 年和 2013 年被取消，金融机构贷款利率全面放开，贷款利率水平根据金融市场内贷款的供给情况而定。在存款利率方面，我国对存款利率市场化改革比较谨慎，因为稍有不慎会引起恶性竞争。2012 年 6 月 8 日，央行允许金融机构的存款利率可以上下浮动，上限设置为基准利率的 1.1 倍，这一上限在 2014 年 11 月 21 再次上调变为基准利率的 1.2 倍。2015 年 10 月 23 日，商业银行和农村合作金融机构不再有利率上限的限制，这意味着存款利率可根据存款情况由金融市场自主决定。最后，在外币利率方面，我国对外币利率的管理较为宽松。自 2000 年 9 月 21 日起，就正式开放了各商业银行外币贷款利率和大额外币（300 万美元或等值其他货币）存款利率，由各行自行决定利率水平。

其次，完善基准利率形成和调控体系。如何发挥市场在基准利率形成体系中的决定性作用是利率市场化的内容。银行间同业拆借市场利率放开是利率市场化的重要步骤。从 2007 年 1 月 4 日，上海银行间拆借利率（Shibor）正式上线，至今，银行间拆借利率已成为货币市场基准利率的重要参考标准，也为银行内部定价机制提供了准备。

总体来看，多年的改革使我国市场基准利率决定体系得以初步建立。商业银行自主定价能力的提高和完全市场化的存贷款利率成为我国利率市场化取得的成果的重要表现。利率市场化是一项庞大的工作，需要其他部门以及金融机构的积极配合，需要建立与利率市场化相适应的调控机制，进而提高市场利率的有效性。在此过程中，中央银行一方面应积极构建和完善央行政策利率体系，以便引导和调控市场的基准利率；另一方面，央行要理顺利率的传导机制，即货币市场、债券市场、信贷市场之间的利率是如何传导的。

6.4.1.2 利率市场化的障碍及完善措施

任何一项改革都不可避免地面临着来自方方面面的难点与阻力，如何合理化解这些难点和阻力，是一项改革能否最终成功的关键所在。在利率市场化的推进过程中，我国同样碰到了许多影响改革进程的障碍，例如，经济主体行为不规范以及市场机制有限。首先，作为资金提供者的商业银行，往往以政府部门的形象出现，缺乏市场竞争力，再加上长期以来的产权不明晰，治理机制不完善，导致其效率较低。其次，作为资金需求者的企业，国有企业容易获得贷款，因为其可获得政府部门的隐形担保，所以国有企业对利率变化不敏感。对于民营企业，虽然其市场化程度高，但是规模小，所以利率的变化对其影响也不大。中国作为高储蓄大国，即使存款利率再低，大多数还是会选择储蓄，所以，个人对利率的敏感性也比较低。经济主体对利率变化反应迟钝，导致利率市场化市场基础薄弱。即使国家放开管制，市场也不能自主地形成最有效的利率水平。

我国利率市场化改革可以通过以下几个方面的工作渐进式进行：

在宏观层面。首先，增加央行与货币市场基准利率的联系。央行定期调整基准利率的时候，可以选择货币市场基准利率体系中最短期的基准利率作为目标利率，比如隔夜利率，同时利用公开市场操作等货币政策工具进行微调。其次，完善金融监管体系。此外，金融机构还需要通过加强外部监督机制改善信息披露制度。

从微观方面来看，应加强金融市场和金融产品建设。首先，市场交易主体增加使金融市场更加完备。商业银行和非银行机构是金融市场的重要交易主体，前者作为资金盈余方，后者作为资金短缺方，积极鼓励非银行机构参与市场，有利于活跃交易市场，同时完善货币市场利率定价机制。因此，应积极鼓励符合一定资质的基金公司、保险公司、租赁公司参与一级货币市场交易。其次，积极建设各类金融市场，比如票据市场和债券市场。我国票据市场发展滞后，建设全国统一的票据市场有利于企业银行进行短期资金融通。我国目前债券市场以国债为主，建设我国债券市场，须以银行债券为核心，积极扩大地方政府债券、企业债券发行规模。最后，丰富金融交易品种。金融交易品种的创新为金融交易提供多种工具，使金融市场更加活跃。例如货币市场发行的短期商业票据或增加银行承兑票据发行量；在衍生品市场上大力发展股指期货、利率互换、外汇期货等产品。

6.4.2 逐步实现资本账户开放

中国一直致力于推进资本项目可兑换，并将其作为经济体制改革的重要组成部分。1978 年中国改革开放，实行出口和利用外资为主的对外开放模式，但外汇管理一直很严格。作为利用外资政策的配套，资本项目实行有限的开放，而且主要是针对外商直接投资。同时，尝试拓展其他国际融资渠道，包括发行境内上市外资股和境外上市外资股，对外借款和发行债券实行计划管理。1996 年，人民币实现经常项目可兑换，资本项目开放被提上日程，但东亚金融危机使开放进程受阻。2002 年，资本项目开放再次启动，2005 年，人民币汇率形成机制改革后重新提速，资本项目可兑换取得显著进展。2009 年，人民币国际化进程启动，建立人民币离岸市场，跨境资本流动更为便利，资本项目可兑换程度进一步提升。易纲（2015）认为，中国直接投资可兑换达到新高度，实现基本可兑换。

6.4.2.1 实现人民币资本项目可兑换的必然性

中国于 2001 年 12 月 11 日正式成为世界贸易组织成员，作为 WTO 成员方，中国并不承担人民币资本项目开放的义务。随着入世五年过渡期的结束，中国的金融服务贸易领域也开始逐渐对外开放，虽然这并不意味着必须开放资本账户，但是二者之间联系紧密，前者的步伐会在很大程度上会影响后者进程。作为金融账户的重要组成部分，金融服务贸易的开放将引起资本的国际移动。根据 WTO 的规则，世贸成员不得对任何资本交易设置与具体交易承诺不一致的限制，即成员方做出了市场准入承诺，资本的国际流动是该项交易的组成部分，该成员有义务允许该资本的国际自由流动。

实现人民币资本项目可兑换是顺利推进人民币国际化的必要条件和核心内容，也是其得以实现的基础。如果人民币不能实现完全自由兑换，就可能会影响人民币持有者的便利性与流动性，使人民币成了一种高风险货币，从而降低对人民币的需求，不可避免地影响人民币国际化、区域化的进程。另外，人民币不能自由兑换会影响境外人民币的回流，从而造成境内外两个分离的人民币市场，不仅对人民币的流通与定价造成不利影响，也对我国的货币政策的有效性造成极大的影响。如果人民币自由兑换存在障碍或资本账户没有实现完全开放，人民币的跨国流通就会出现各种阻碍性因素，从而对人民币国际化进程产生严重影响。

6.4.2.2 我国资本项目可兑换情况及发展方向

IMF 将资本项目交易分为 7 大类，11 项和 40 个小项。2013 年，国家外汇管理局按照可兑换、基本可兑换、部分可兑换和不可兑换四类对我国资本项目40 小项的可兑换程度进行评估，结果显示完全可兑换资本项目有 7 项、基本可兑换的有 8 项、部分可兑换有 19 项、不可兑换的仅有 6 项。从总体上看，中国资本项目实现部分可兑换以上的项目占全部交易项目的 85%[①]。这说明我国的资本账户可兑换已取得了丰硕的成绩。但是与世界主要资本主义国家相比，我国的资本账户可兑换程度还存在一定的差距（见表 6.1）。从中可以看出，我国只在商业信贷这一项不存在管制，在其他项或多或少都存在管制，这就要求我国要进一步有序推进资本账户的开放。

---

① 孙鲁军. 有序实现人民币资本项目可兑换 [J]. 当代金融家，2016（1）：34-36.

一是深化资本项目外汇管理改革，转变管理方式。2013 年以来，我国外汇管理局为推进资本项目便利化，积极推进简政放权，并取消一些不必要的管理环节，简化审核程序，提高办事效率。在未来进一步深化资本项目管理时，需要进一步简政放权，降低管理成本。

二是健全跨境资金流动统计监测体系，并按照"公开原则、不公开是例外"的标准不断提高统计数据透明度。

三是防范资本账户开放带来的风险。在资本账户有序开放的过程中，有一些子项目具有较高风险，这就要求在逐步开放资本项目的过程中，对这些项目进行适当的控制，避免造成短期资本的大量流入以及恐慌性外逃。短期资本的大进大出会对我国的经济金融产生较大的冲击，搅乱我国的经济金融秩序。

四是完善资本项目开放的相关法律。推进资本项目可兑换进程需要相关法律法规的保障。而目前我国的相关法律法规问题突出。这表现在缺乏系统性的法律条文，大部分是临时性的规章制度。只有完善了相关的法律制度，才能营造一个较为安全的经济金融环境。

表 6.1　　　　　　　　　　　世界主要国家资本账户可兑换程度

	美国	日本	中国	英国	法国	德国	俄罗斯
对资本市场证券交易的管制	★	★	★	★	★	★	★
对衍生工具和其他交易工具的管制	★	无管制	★	无管制	无管制	★	无管制
对商业信贷的管制	无管制	无管制	无管制	无管制	无管制	无管制	无管制
对金融信贷的管制	无管制	无管制	★	无管制	无管制	★	无管制
对担保、保证和备用融资工具的管制	★	无管制		无管制	无管制	无管制	无管制
对直接投资的管制	★	★	★	★	★	★	★
对直接投资清盘的管制	无管制	无管制	★	无管制	无管制	无管制	无管制
对不动产交易的管制	★	无管制	★	★	无管制	★	无管制
对个人资本流动的管制	无管制	无管制	★	无管制	无管制	无管制	无管制

注：★代表执行与本国汇率体系特征相对应的管理制度。

资料来源：IMF, *Annual Report to Exchange Arrangements and Exchange Restrictions*, 2014。

7 结论与展望

改革开放以来，中国经济高速发展，并成为世界上第二大经济体，人民币的国际化问题也越来越受到人们的关注。本书在此背景下，研究了人民币周边化，检验人民币在周边国家和地区能否执行国际货币的职能。

本书对人民币周边化的研究，其实是研究人民币在一个"小世界"内的国际化问题。目前，关于人民币周边化的研究，多是与人民币区域化研究混合在一起，并没有专门针对周边化的研究。本书认为人民币周边化与区域化并不是完全一样的，人民币周边化是区域化的一个特例，即研究中国周边区域范围内的人民币区域化。中国的邻国对中国有着重要的影响，"唇亡齿寒"的道理自古就有，中国经济的迅速发展，对这些周边邻国的影响最为直接，人民币国际化的推进，必然是先在这些周边国家内实现，本书以此为出发点，考察人民币在周边国家和地区的国际化的情况。

本书的主要内容可分为三大部分：

第一部分，包括第一章和第二章，即绪论和基础理论介绍。本部分阐明了本书的选题背景及研究意义，相关文献综述，本书所用的研究方法，本书可能存在的创新点、存在的不足和三个基础理论。

第二部分包括第三章、第四章和第五章。这一部分是本书的核心内容，分析人民币周边化的动力机制、现状以及抑制因素。

首先，人民币周边化的动力机制。第一，中国强大的经济实力为人民币周边化的实现提供了强有力的支持。中国作为世界第二大经济体，经济增长速度长期维持在一个较高水平上并且波动不大，这使中国经济可以在亚洲区域内充当稳定器的作用。而人民币币值不论是对内还是对外都很稳定，这将增加周边国家居民持有人民币的动机，增大人民币在国际市场上的名誉和地位。中国长期的对外贸易顺差和充足的外汇储备推动了人民币在国际上的流通以及能维持外汇市场和人民币汇率的稳定。第二，中国与周边经济联系较大。2014年，中国大陆是周边8个国家和地区的第一大出口目的地，是周边19个国家和地区的第一大进口来源地，通过计算中国内地与周边经济体近五年的贸易强度指数发现，只有阿富汗与中国的贸易强度小于1，其他所有的国家和地区与中国的贸易强度指数都大于1，这说明我国内地与周边国家和地区的贸易关系是比较密切的。在投资方面，中国内地在亚洲46个国家和地区设立了近1.7万家境外企业，主要分布在中国香港、新加坡等周边国家和地区。此外，中国与周边经济体的自贸区建设也反映了我国与周边经济体的联系。目前，中国已与东盟、新加坡、巴基斯坦、韩国签订了自由贸易协定，正在谈判的自贸区有中日韩自贸区、《区域全面经济合作伙伴关系协定》和中国与巴基斯坦自贸协定第二阶段谈判。同时，还正在研究中国与印度建立自由贸易区的可能性。第三，人民币离岸市场的迅速发展。离岸市场是一国货币国际化的重要支撑条件。近几年来，人民币离岸市场迅速发展，为人民币境外流通提供了条件。香港人民币离岸市场是中国目前资金池规模最大的人民币离岸市场。截止到2016年1月，香港地区经营人民币业务的认可机构数目达145家，人民币在香港的存款总额高达8 521亿元，2015年全年累计人民币结算68 331亿元。第四，"一带一路"建设和亚投行的建立。"一带一路"建设不仅为国内沿途省份的发展提供了良机，更是人民币"走出去"战略的重要平台；它不仅使"人民币投资与贸易圈"不断扩大，更有利于中国输出人民币资本，推进人民币贸易结算功能，增加沿途国家对人民币的依存度和需求，使人民币发挥计价结算、投资储备的国际货币职能。亚投行的成立也将助推人民币周边化和国际化的实现。因为亚投行将为中国经济增长提供助力，有助于形成以人民币为核心的融资机制，使人民币对外贷款和对外投资发挥更大的作用。

其次，人民币周边化现状。本书从人民币在周边区域内执行国际货币职能情况进行分析，分别介绍了人民币在周边区域内跨境贸易结算、金融交易、人民币的锚地位变化和人民币作为储备货币的情况。第一，人民币在周边区域内的跨境贸易结算。近年来，中国与周边经济体之间的贸易发展迅速。2014年，中国与周边经济体的双边贸易额达13 116.1亿美元，2010—2014年平均年增长率高达8.4%。本书以边境贸易为例，对边贸人民币结算进行深入分析，发现在国家相关政策的大力推动下，边贸中的人民币结算稳步推进。第二，以人民币计价和结算的金融交易情况。首先，人民币的对外直接投资。2014年，跨境直接投资人民币结算金额1.05万亿元，比2013年的5 337.4亿元增长了88%。其中，人民币对外直接投资结算金额1 865.6亿元，同比增长118%；外商直接投资结算金额8 620.2亿元，同比增长92%。与2011年相比，直接投资人民币结算总额增加了9 377.1亿元，在3年内增长8.5倍。中国对外直接投资的70%左右都分布在中国周边区域内，这意味着以人民币结算的对外直接投资有很大部分流向了中国周边区域。其次，周边人民币债券发行情况发展势头强劲。截止到 2014 年，香港累计发行人民币债券 6 141 亿元；截止到 2015 年 9 月底，台湾宝岛债累计发行金额 299 亿元人民币。最后，人民币合格境外机构投资者和人民币与外币的直接交易发展迅速。2014 年，人民币对外币直接交易共成交 10 482 亿元，在银行间外汇市场即期交易中占比为 4.7%，其中中国周边国家货币直接交易量达 7 692 亿元；此外，在这一年中有 95 家合格境外机构获得 2 997 亿元的投资额度，比 2012 年增加了 2 327 亿元的额度，合格境外机构数增加了 69 个。第三，人民币货币锚地位的检验。2008 年危机后，周边14 个国家的货币汇率变动钉住人民币，人民币是除了美元和欧元之外影响力最大的货币。中国周边区域内呈现出"去美元化"的趋势，目前美元仍是中国周边区域内主要的一种锚货币，但是美元在这些国家货币篮子中的权重呈下降趋势，而人民币的权重却在上升，说明人民币有取代美元，成为中国周边区域内重要的锚货币的潜力。第四，在人民币作为储备货币方面，人民币在全球外汇储备份额中处于微不足道的地位，但是境外央行持有人民币储备资产呈现良好发展态势。特别是人民币加入 SDR，预计在未来一段时间内，IMF 的 188个成员国的央行或货币当局将逐渐在其外汇储备中增持人民币，增大人民币在全球外汇储备中的份额。

最后，人民币周边化的抑制因素。虽然人民币周边化发展势头良好，但是在其发展过程中，还是出现了一些问题。在跨境贸易人民币结算方面，进口人民币结算与出口人民币结算不对称，人民币跨境贸易结算集中于进口而非出口。这在一定程度上说明人民币易出去，却不易回流。同时人民币在资本项目回流渠道较少且限制又多，这两个问题都反映了人民币的回流机制还不完善，这必会限制人民币周边化的进程。另一方面，一些非经济因素也会抑制人民币周边化的发展。两岸关系不稳定，特别是 2016 年民进党再次执政，使两岸关系的发展更加不确定。近几年来，钓鱼岛问题和南海争端影响了国家间的经济关系。以钓鱼岛争端为例，钓鱼岛争端导致中日政治关系急剧恶化，对中日经贸关系造成严重冲击。据日本财务省统计，2012 年的中日贸易总额较上年减少 3.3%。其中，日本对华出口下降 10.4%，日本对华贸易逆差额接近 168 亿美元，占其对世界出口逆差总额的 86%，成为日本出口减少的主要原因。进入2013 年，受日本首相参拜靖国神社的影响，中日双边贸易继续恶化。从对旅游服务的影响看，钓鱼岛争端导致两国交往减少，从签证签发的统计看，2012年，全年对华签发签证数为 111 万，其中 9—12 月仅签发 14.4 万，较上年同期签发的 25.9 万，减少了 45%。贸易和旅游是人民币流出国门的两大主要渠道，受钓鱼岛争端、参拜靖国神社等影响，中日贸易和旅游业都不同程度地受到了冲击，这势必会减少人民币在日本的流通和使用。两国领土争端，定会伤害两国人民的感情，这将阻碍人民币的国际化之路。

本书的第三部分包含第六章和第七章，即本书的政策建议与总结部分。结合第二部分的研究内容，本书提出的政策建议主要是继续发展现有的优势，并弥补现有的不足，具体包含以下几个内容：

第一，充分利用供给侧结构性改革促进中国经济快速发展。首先是去产能、去库存、去杠杆、降成本。要尊重市场规律，发挥市场在配置资源中的作用；对于国有企业，主管部门应做出科学判断，顺应市场形势，努力推动企业兼并或重组。去产能、去库存和去杠杆是一项巨大复杂的工程，涉及多个互相关联的行业，不能单独地去某一个行业的产能或库存，容易相互掣肘，事倍功半。其次是加大创新力度弥补短板。要鼓励发展科技创新，提高中国在国际产业链上的竞争力，不断提高产业的技术含量和劳动生产率，推动贸易和产业结构升级。同时要加强与发达国家高端制造业的合作。发达国家的众多企业拥有国际知名品牌和核心技术，在合适的条件下，通过合作、购买发达国家的先进技术也不失为一条捷径。特别是 2008 金融危机之后，西方不少发达国家的制造业因为市场萎缩难以生存，中国应抓住机会，结合产业升级的实际需要，通过合作或购买的方式来充实自身的技术，以便跻身于国际产业链的高端领域。此外还要注重加强国内品牌建设。随着人们生活水平的提高，人们的消费标准开始提升，更加注重品牌和质量。培育一大批国内知名品牌，是中国实体经济能够抵御各种不利冲击的保障。

第二，是加大中国与周边国家和地区的货币金融合作。首先，扩大人民币与其他货币的互换规模和期限，提高人民币在国际贸易和投资中的使用比例。货币互换有利于互换双方规避国际金融危机的风险，并且提高两种货币在国际市场上的流通性，这不仅可以促进两国间的经济贸易和投资往来，还能为区域经济金融稳定带来积极影响。其次，中国要积极参与东亚货币合作。目前，东亚货币合作还处于初级阶段比较松散，因此东亚各国应积极推进货币金融合作，缩小区域间各国的经济水平差距。在此过程中，中国作为一个经济大国，需要承担的责任和任务更多。

第三，推进香港人民币离岸金融中心的发展。首先，丰富人民币离岸市场以人民币计价的金融产品类型。其次，继续深化离岸人民币债券市场建设，扩大人民币债券主体的投资规模。再次，为人民币离岸市场的发展提供必要的人民币支持。最后，借鉴发达国家的经验完善离岸市场的法律法规建设并加快在岸金融市场改革的脚步。另一方面，要协调离岸市场和在岸市场的发展。如果离岸市场高度发达，而没有发达的国内金融市场和与之相匹配的金融服务，将会导致本币定价过分依赖境外市场，这不仅将增加央行宏观调控的难度，而且还会因为境外金融市场的发达，从而部分甚至全部替代本应由国内金融市场提供的金融服务，导致国内金融市场对本币的资源配置能力下降，长此下去，国内金融市场可能会出现空心化现象，这将对国内的金融体系安全形成威胁。

第四，继续推动我国金融市场改革。首先是利率市场化改革。我国的利率市场化取得了丰硕的成果，但是后续工作还有很多。利率市场化是一项庞大的工作，需要其他部门以及金融机构的积极配合，需要建立与利率市场化相适应的调控机制，进而提高市场利率的有效性。其次，要逐步实现资本账户开放，更好地推进人民币国际化战略的实现。

在不久的将来，随着中国与这些周边国家和地区的发展，中国与周边邻国是否能向欧盟一样组成最优货币区呢？如果人民币在这些周边国家和地区实现了完全自由流通，又会对中国和这些国家和地区产生怎样的影响呢？这些都是针对人民币周边化进行进一步研究的问题。

参考文献

［1］ SIBERT A, LIU L H. Government Finance With Currency Substitution ［J］. Journal of International Economics, 1998 (1): 155-172.

［2］ KORINEK A. Foreign Currency Debt, Risk Premia and Macroeconomic Volatility ［J］. European Economic Review, 2011 (3): 371-385.

［3］ BILSON, J F O. The Choice of An Invoice Currency in international transactions, Bhandari, J., Putnam, B., eds. Interdependence and Flexible Exchange Rates ［M］. Cambrige: MIT Press, 1983.

［4］ BAYOUMI T, EICHENGREEN B. Operationalzing the Theory of Optimum Currency Areas ［R］. CEPR Discussion Paper, 1996.

［5］ BACCHETTA, PHILIPPE, WINCOOP V. A theory of the currency denomination of international trade ［R］. NBER Working Paper, 2002.

［6］ BENJAMIN C. Toward a Leaderless Currency System ［R］. Working Paper, University of California at Santa Barbara, 2008.

［7］ CHEN X Y. Renminbi Going Global ［J］. China & World Economy, 2011 (2): 1-18.

［8］ CHITU L, et al. When Did the Dollar Overtake Sterling as the Leading International Currency? Evidence From The Bond Markets ［J］. Journal of Development Economics, 2014 (111): 225-245.

［9］ CORSETTI G, PESENTI P. Welfare and Macroeconomic Interdepence ［J］. Quarterly Journal Economics, 2001: 421-445.

［10］ CORSETTI G, PESENTI P. International Dimensions of Optimal Monetary Policy ［J］. Journal of Monetary Economics, 2005, 52: 281-305.

［11］ DONNENFELD, SHABTAI, HAUG A. Currency Invoicingin International Trade: an Empirical Investigation ［J］. Review of International Economics, 2003 (2): 332-345.

[12] EICHENGREEN B. International Monetary Arrangements for 21th Century [M]. Washington: Brookings Institution, 1994.

[13] WALKER E. Strategic Currency Hedging and Global Portfolio Investments Upside Down [J]. Journal of Business Research, 2008 (6): 657-668.

[14] EVžEN K, HANOUSEK J, ENGELMANN D. Currencies, Competition, and Clans [J]. Journal of Policy Modeling, 2008 (6): 1115-1132.

[15] WALKER E. Strategic Currency Hedging and Global Portfolio Investments Upside Down [J]. Journal of Business Research, 2008 (6): 657-668.

[16] EICHENGREEN B. The Renminbi as an International Currency [J]. Journal of Policy Modeling, 2010 (5): 723-730.

[17] EICHENGREEN B. Number on Country, Number one Currency? [J]. The World Economy, 2013 (4): 363-374.

[18] FRANKEL J A, WEI S J. Yen Bloc or Dollar Bloc? Exchange Rate Pilicies of the East Asian Economics [M]. In Ito T, Krueger A, eds. Macroeconomic Linkage: Savings, Exchange Rates, and Capital Flows. Chicago: University of Chicago Press, 1994.

[19] FRANKEL J. Internationlization of the RMB and Historical Precedents [J]. Journal of Economic Integration, 2012 (3): 329-365.

[20] FRATAZSCHER M, MEHL A. Chian's Dominance Hypothesis and the Emergence of a Tri polar Global Currency System [J]. The Economic Journal, 2014 (581): 1343-1370.

[21] SVEN G. A Fundamental Symmetry in International Payment Patterns [J]. Journal of International Economics, 1973 (3): 105-116.

[22] ALBERTO G. Exchange Rates and Traded Goods Prices [J]. Journal of International Economics, 1988 (24): 45-68.

[23] BERG G, CEDRIC T. Vehicle Currency Use in International Trade [R]. NBER Working Poper, 2005.

[24] CORSETTI G, KOWIAK, B M. Fiscal imbalances and the dynamics of-currency crises [J]. European Economic Review, 2006 (5): 1317-1338.

[25] GLICK R, HUTCHISON M. China's Financial Linkages with Asia and the Global Financial Crisis [J]. Journal of International Money and Finance, 2013 (39): 186-206.

[26] GUI Y. The Internationlization of the RMB: Where Does the RMB Curren-

cy Stand in the Prosecc of Internationlazation [J]. Asian Pacific Economic Literature, 2013 (2): 68-85.

[27] HARTMANN, PHILIPP. The Currency Denomination of World Trade after European Monetary Union [J]. Journal of the Japanese and International Economics, 1998 (12): 424-454.

[28] ITO T. China as Number one: How About the Renminbi? [J]. Asian Economic Policy Review, 2010 (2): 249-276.

[29] FLEMING J M. On Exchange Rate Unification [J]. Economic Journal, 1971 (81): 467-488.

[30] MARTIN J, PICK D. Currency Quandary: The Choice of Invoicing Currency under Exchange-Rate Uncertainty [J]. Review of International Economics, 1997 (1): 118-128.

[31] BULLARD J, MITRA K. Learning about monetary policy rules [J]. Journal of Monetary Economics, 2002 (6): 1105-1129.

[32] PAUL K. Vehicle Currencies and the Structure of International Exchange [J]. Journal of Money, Credit and Banking, 1980: 513-526.

[33] HEIMONEN K. Substituting a Substitute Currency [J]. International Review of Economics & Finance, 2008 (01): 66-84.

[34] LEE J W. Will the Renminbi Emerge as an Internayional Reserve Currency? [J]. The World Economy, 2014 (1): 42-62.

[35] MELITZ J. The Current Impasse in Research on Optimum Currency Areas [J]. European Economic Review, 1995 (39): 492-500.

[36] CANZONERI M, CUMBY R, DIBA B. The Interaction Between Monetary and Fiscal Policy [J]. Handbook of Monetary Economics, 2010 (3): 935-999.

[37] MARTELLATO D. Skirmishing Currencies [J]. Transition Studies Review, 2010 (4): 645-661.

[38] EKVALL N, JENNERGREN L P, NäSLUND B. Currency Option Pricing with Mean Reversion and Uncovered Interest Parity: A revision of the Garman-Kohlhagen model [J]. European Journal of Operational Research, 1997 (1): 41-59.

[39] NEVEN T VALEV. The hysteresis of currency substitution: Currency risk vs. network externalities. [J]. Journal of International Money and Finance, 2010

（2）：224-235.

［40］OBSTFELD M, ROGOFF K. New Directions for Stochastic Open Economy Models ［J］. Journal of International Economics, 2000, 50：117-153.

［41］KENEN P B. The Theory of Optimal Currency Areas：An Elective View ［M］. Chicago：University of Chicago Press, 1969.

［42］PAGE S A B. Currency of Invoicing in Merchandise Trade ［J］. National Institute Economic Review, 1977（33）：1241-1264.

［43］PARK Y C. RMB Internationlization and Its Implication for Financial and Monetrary Cooperation in East Asia ［J］. China & World Economy, 2010（2）：1-21.

［44］PARK Y C, SONG C Y. Renminbi Internationlization：Prospects and Implication for Economic Integration in East Asia ［J］. Asian Economic Papers, 2011（3）：42-72.

［45］MUNDELL R A. A Theory of Optimal Currency Areas ［J］. American EconomicReview, 1961（51）：657-665.

［46］MCKINNON R I. Optimal Currency Areas ［J］. American Economic Review, 1963（53）：717-725.

［47］MUNDELL R A. A Theory of Optimal Currency Areas ［J］. American Economic Review, 1961（51）：657-665.

［48］MCKINNON R, SCHNABL G. Synchronised Business Cycles in East Asia and Fluctuations in the Yen/Dollar Exchange Rate ［J］. The World Economy, 2003（08）：1067-1088.

［49］LINDSET S. Valuing the Flexibility of Currency Choice in Multinational Trade WithStochasticExchange rates ［J］. Journal of Multinational Financial Management, 2005（2）：137-153.

［50］SHARMA S C, KANDIL M, CHAISRISAWATSUK S. CurrencySubstitution in Asian Countries ［J］. Journal of Asian Economics, 2005（03）：489-532.

［51］WATANABE S, OGURA M. How far apart are the two ACUs from each other? Asian Currency Unit and Asian CurrencyUnion ［J］. Emerging Markets Review, 2010（2）：152-172.

［52］SUBACCHI P. One Currency, Two Systems：China's Renmenbi Strategy ［M］. London：Royal Institute of International Affairs, 2010.

［53］STIER K, et al. Internationalization of the Chinese Renminbi：An Opportunity for China [J]. Weekly Report, 2010 (17): 126-132.

[54] SRIVASTAVA S. The Emerging Economies and Changing Prospects of the Multicurrency Global Order: Avenues and Challenges in Times Ahead [J]. Procedia Social and Behavioral Sciences, 2012 (37): 46-56.

[55] ROBERT T. Gold and the Dollar Crisis: The Future of Convertibilit [M]. New Haven: Yale University Press, 1961.

[56] DAMJANOVIC T, DAMJANOVIC V, NOLAN C. Unconditionally optimal monetary policy [J]. Journal of Monetary Economics, 2008 (03): 491-500.

[57] TUNG C, et al. Renminbi Internationlization: Progress, Prospect and Comparison [J]. China & World Economy. 2012 (5): 63-82.

[58] 巴曙松. 人民币国际化应走边境贸易之路 [J]. 中国经济快迅, 2003 (27): 30-31.

[59] 巴曙松, 严敏. 人民币现金境外需求规模的间接测算研究 [J]. 上海金融, 2010 (02): 8-12.

[60] 程恩富, 周肇光. 关于人民币区域化和国际化可行性探析 [J]. 当代经济研究, 2002 (11): 58-62.

[61] 陈晖. 人民币区域化在东南亚地区的实证分析 [D]. 昆明: 昆明理工大学, 2008.

[62] 陈雨露. 2014人民币国际化报告 (人民币离岸市场建设与发展) [M]. 北京: 中国人民大学出版社, 2013.

[63] 陈雨露. 2015人民币国际化报告 ("一带一路" 建设中的货币战略) [M]. 北京: 中国人民大学出版社, 2015.

[64] 成思危. 人民币国际化之路 [M]. 北京: 中信出版社, 2014.

[65] 董继华. 境外人民币流通规模估计——基于季度数据的协整分析 [J]. 当代经济科学, 2008 (1): 28-36.

[66] 丁一兵, 李晓. 亚洲的超越 [M]. 北京: 北京当代中国出版社, 2006.

[67] 丁一兵. 离岸市场的发展与人民币国际化的推进 [J]. 东北亚论坛, 2016 (01): 21-30.

[68] 范爱军, 冯栋. 人民币在东亚区域化路径探索的实证分析—基于最优货币区理论 [J]. 山西大学学报, 2014 (03): 56-61.

[69] 范方志, 韩骏. 中国资本项目管制与跨境贸易结算: 问题与对策 [J]. 中央财经大学学报, 2012 (09): 35-41.

[70] 方国志. 人民币在东盟流通的现状及策略 [J]. 南方金融, 2008 (05): 66-67.

[71] 付英梅. 人民币跨境结算发展分析 [J]. 经济研究导刊, 2016 (03): 93-95.

[72] 高海红, 余永定. 人民币国际化的含义与条件 [J]. 国际经济评论, 2010 (1): 46-64.

[73] 高海红. 人民币成为区域货币的潜力 [J]. 国际经济评论, 2011 (02): 80-88.

[74] 高洪民. 人民币国际化与上海国际金融中心互促发展的机理和渠道研究 [J]. 世界经济研究, 2010 (10): 22-27.

[75] 关键. 人民币与卢布现钞在中俄边境地区流通情况比较 [J]. 黑龙江金融, 2006 (12): 47-48.

[76] 韩民春, 袁秀林. 基于贸易视角的人民币区域化研究 [J] 经济学, 2007 (1): 402-420.

[77] 韩龙. 美元崛起历程及对人民币国际化的启示 [J]. 国际金融究, 2012 (10): 37-46.

[78] 贺翔. 人民币区域化战略问题研究 [J]. 河南金融管理干部学院学报, 2007 (1): 55-60.

[79] 胡海琼. 德国马克国际化的成功经验与启示 [J]. 内蒙古金融研究, 2010 (4): 36-41.

[80] 黄瑾. 国际货币收益和风险研究综述 [J]. 浙江社会科学, 2012 (12): 143-147.

[81] 黄海洲. 美元和人民币: 何去何从? [J]. 国际经济评论, 2010 (02): 7-15.

[82] 何慧刚. 人民币国际化: 模式选择与路径安排 [J]. 财经科学, 2007 (2): 37-42.

[83] 何帆, 张斌, 张明, 等. 港离岸人民币金融市场的现状、前景、问题与风险 [J]. 国际经济评论, 2011 (03): 84-108.

[84] 何东, 马骏. 人民币跨境使用与香港离岸人民币中心发展 [J]. 中国金融, 2011 (16): 76-77.

[85] 姜波克. 人民币国际化问题探讨 [J]. 经济纵横, 1994 (5): 30-32.

[86] 姜波克, 罗得志. 最优货币区理论综述兼述欧元、亚元问题 [J].

世界经济文汇，2002（01）：73-80.

[87] 姜波克，张青龙. 货币国际化：条件与影响的研究综述 [J]. 新金融，2005（8）：6-9.

[88] 姜凌. 试析经济全球化趋势下的汇率机制创新 [J]. 财经科学，2003（02）：64-68.

[89] 姜凌，谢洪燕. 经济全球化条件下的国际货币体系改革——基于区域国际货币合作视角的研究 [M]. 北京：经济科学出版社，2011.

[90] 贾宁. 日元和马克的国际化比较及其启示 [J]. 中国货币市场，2010（1）：20-25.

[91] 鞠耀绩，索丽莎. 东亚地区人民币区域化可行性实证分析 [J]. 煤炭经济研究，2011（05）：34-37.

[92] 李婧，管涛，何帆. 人民币跨境流通的现状及对中国经济的影响 [J]. 管理世界，2004（9）：45-52

[93] 李婧. 人民币区域化对中国经济的影响与对策 [M]. 北京：中国金融出版社，2009.

[94] 李婧，解祥优. 人民币是否已经成为东亚地区的锚货币？[J]. 四川大学学报，2016（01）：80-88.

[95] 李晓，丁一兵. 论东亚货币合作的具体措施 [J]. 世界经济，2002（2）：22-27.

[96] 李晓，李俊久，丁一兵. 论人民币的亚洲化 [J]. 世界经济，2004，（2）：25-37.

[97] 李晓. 东亚货币合作为何遭遇挫折？——兼论人民币国际化及其对未来东亚货币合作的影响 [J]. 国际经济评论，2011（01）：109-128.

[98] 李稻葵，刘霖林. 双轨制推进人民币国际化 [J]. 中国金融，2008（10）：42-43.

[99] 李稻葵，刘霖林. 人民币国际化：计量研究及政策分析 [J]. 金融研究，2008（11）：1-16.

[100] 李稻葵. 人民币国际化道路研究 [M]. 北京：科学出版社，2013.

[101] 李继民. 货币国际化研究成果综述 [J]. 首都经济贸易大学学报，2011（2）：96-104

[102] 李建军，甄峰，崔西强. 人民币国际化发展现状、程度测度及展望评估 [J]. 国际金融研究，2013（10）：58-65.

[103] 李翔. 人民币国际化的进展和前瞻 [J]. 经济研究参考，2013

（28）：48-55.

　　［104］刘崇. 以贸易发展推进人民币国际化［J］. 南方金融，2007（10）：21-24.

　　［105］刘旗. 国际贸易结算货币选择理论对人民币跨境结算的启示［J］. 经济论坛，2010（01）：9-12.

　　［106］梁晶晶. 于人民币在东盟国家流通情况的探析［J］. 区域金融研究，2015（5）：50-53.

　　［107］林晓林. 吉林省对朝人民币现金跨境留存量研究［J］. 吉林金融研究，2016（1）：76-78.

　　［108］卢皓. 中缅、中老边境人民币流通状况调查与思考［J］. 时代金融，2007（9）：119.

　　［109］马荣华，饶晓辉. 人民币的境外需求估计［J］. 经济科学，2006（5）：18-29.

　　［110］马骏，徐剑. 人民币走出国门之路：离岸市场发展和资本项目开放［M］. 北京：中国经济出版社，2012.

　　［111］马广奇，李洁. "一带一路"建设中人民币区域化问题研究［J］. 经济纵横，2015（6）：41-46.

　　［112］梅德平. 跨境贸易人民币计价结算问题研究——人民币国际化视角［M］. 武汉：武汉大学出版社，2014

　　［113］聂利君. 货币国际化问题研究——兼论人民币国际化［M］. 北京：光明日报出版社，2009.

　　［114］欧明刚，张坤. 东亚双层货币篮子结构研究［J］. 国际金融研究，2010（6）：15-22.

　　［115］潘理权. 寡头垄断的国际货币体系与人民币国际化战略选择［J］. 经济问题探索，2007（1）：14-19.

　　［116］潘理权，何春联. 日元与德马克国际化比较及对人民币国际化的启示［J］. 江淮论坛，2011（2）：39-43.

　　［117］潘理权，杨善林. 科技实力在货币国际化中的作用析［J］. 中国软科学，2011（8）：65-71.

　　［118］潘理权. 人民币国际化发展路径及保障措施研究［M］. 北京：中国社会科学出版社，2013.

　　［119］邱兆祥，粟勤. 货币竞争、货币替代与人民币区域化［J］. 金融理论与实践，2008（02）：6-10.

［120］邱兆祥.人民币区域化问题研究［M］.北京：光明日报出版社，2009.

［121］苏春江.东亚货币合作可行性的分析——基于 OCA 指数模型的估算［J］.经济研究参考，2013（58）：55-75

［122］孙海霞，谢露露.国际货币的选择：基于外汇储备职能的分析［J］.国际金融研究，2010（12）：38-49.

［123］孙久文，高志刚.丝绸之路经济带与区域经济发展研究［M］.北京：经济管理出版社，2015.

［124］宋敏，屈敏.走向全球第 3 大货币：人民币国际化问题研究［M］.北京：北京大学出版社，2011.

［125］沙文兵.汇率变动、贸易地位与人民币境外存量——基于 1994—2012 年月度数据的实证分析［J］.中南财经政法大学学报，2014（01）：3-9.

［126］汪洋.跨境贸易以人民币结算：路径选择与风险［J］.国际经济评论，2011（2）：108-118.

［127］王雅范，管涛、温建东.走向人民币可兑换：中国渐进主义的实践［M］.北京：经济科学出版社，2002.

［128］王篆.天津滨海新区离岸金融市场模式的国际比较与借鉴［J］.天津行政学院报，2009（02）：54-57.

［129］王信.发展香港人民币离岸人民币市场促进上海金融中心建设［J］.国际贸易，2010（6）：45-47.

［130］王信.人民币国际化进程中的问题和收益研究［J］.国际贸易，2011（08）：51-65.

［131］王勇.人民币境外直接投资：波及效应与企业战略［J］.国际贸易，2011（3）：52-58.

［132］王峥.人民币国际化背景下人民币跨境流通趋势研究——基于需求缺口估计法的分析［J］.上海金融，2015（11）：59-63.

［133］王卫，孙小兵.东盟地区人民币区域化研究：基于经济同周期的实证检验［J］.财政界，2016（2）：10-11.

［134］武江.人民币跨境结算面临的问题及建议［J］.山西财经大学学报，2014（10）：47-62.

［135］徐奇渊，刘力臻.香港人民币存量估计：M1 口径的考察［J］.世界经济，2006（9）：49-57.

［136］徐奇渊.日元国际化的经验及其对人民币的启示［J］.金融评论，

2010（2）：14-126.

[137] 徐奇渊. 人民币国际化：概念、争论与展望 [J]. 上海金融，2015（04）：47-54.

[138] 徐楠. 人民币国际化的路径及实施策略研究 [D]. 吉林：吉林大学，2013.

[139] 姚晓东，孙钰. 人民币跨境流通的影响与人民币区域化进程研究 [J]. 经济社会体制比较，2010（3）：23-30.

[140] 姚文宽. 跨境人民币结算的现状、问题及对策 [J]. 改革与战略，2015（12）：54-59.

[141] 熊庆丽，章向东. 货币国际化的国际经验比较与借鉴 [J]. 上海金融，2011（2）：95-98.

[142] 淹田贤志. 东亚共同体发展之路 [M]. 东京：东京中央大学出版社，2006.

[143] 严佳佳. 人民币国际化的货币替代机制研究 [M]. 北京：中国金融出版社，2011

[144] 严玉华. 人民币国际化和经济结构良性互动可持续发展悖论 [J]. 北华大学报，2015（05）：40-44.

[145] 余永定. 再论人民币国际化 [J]. 国际经济评论，2011（05）：7-14.

[146] 余永定. 从当前的人民币汇率波动看人民币国际化 [J]. 国际经济评论，2012（01）：18-26.

[147] 尹亚红. 人民币港元一体化研究——基于货币替代的视角 [J]. 国际金融研究，2010（09）：29-37.

[148] 杨碧琴. 跨境贸易人民币结算实践历程及其启示 [J]. 特区经济，2016（03）：26-28.

[149] 郑晓舟. 人民币：从"不受欢迎"到"全流通" [N]. 上海证券报，2007-06-29.

[150] 张青龙. 人民币国际化的经济效应：一般均衡分析 [J]. 世界经济研究，2005（8）：44-48.

[151] 张宇燕，张静春. 货币的性质与人民币的未来选择 [J]. 当代亚太，2008（2）：9-43.

[152] 张云，刘骏民人民币国际化的历史趋势与风险应对探析 [J]. 经济与管理研究，2010（3）：65-70.

[153] 张明, 何帆. 人民币国际化进程中在岸离岸套利现象研究 [J]. 国际金融研究, 2012 (10): 47-54.

[154] 张斌, 徐奇渊. 汇率与资本项目管制下的人民币国际化 [J]. 国际经济评论, 2012 (04): 63-73.

[155] 张广斌, 王源昌. 人民币国际化与产业转型之两难 [J]. 金融市场研究, 2015 (07): 54-61.

[156] 张琦. 加快推进人民币国际化背景下完善本币现钞跨境管理的思考——基于国际经验的启示 [J]. 浙江金融, 2015 (12): 51-54.

[157] 张红. 人民币国际化提速进程中面临的问题与发展途径 [J]. 对外经贸实务, 2016 (02): 54-57.

[158] 钟伟. 人民币在周边国家流通的现状、问题及对策 [J]. 管理世界, 2008 (1): 165-166.

[159] 赵庆明. 人民币资本项目可兑换及国际化研究 [M]. 北京: 中国金融出版社, 2005.

[160] 赵志华. 关于人民币现金在中蒙边贸口岸流通情况的调查报告 [J]. 华北金融, 2006 (2): 8-9.

[161] 赵胜民, 谢晓闻, 方意, 等. 金融市场化改革进程中人民币汇率和利率动态关系研究——兼论人民币汇率市场化和利率市场化次序问题 [J]. 南开经济研究, 2013 (5): 33-49.

[162] 赵晓斐. "一带一路" 背景下人民币国际化问题研究 [J]. 特区经济, 2016 (1): 14-16.

[163] 宗良, 李建军. 人民币国际化的历史机遇和战略对策 [J]. 国际贸易, 2010 (1): 63-68.

[164] 周元元. 中国-东盟区域货币合作与人民币区域化研究 [J]. 金融研究, 2008 (5): 163-171.

[165] 周小川. 人民币资本项目可兑换的前景和路径 [J]. 金融研究, 2012 (1): 1-19.

[166] 周颖, 王姣. 跨境贸易人民币计价结算进出口贸易效应分析 [J]. 沈阳师范大学学报, 2016 (1): 89-93.

[167] 中华人民共和国商务部, 中华人民共和国国家统计局, 国家外汇管理局. 2014 年度中国对外直接投资统计公报 [M]. 北京: 中国统计出版社, 2015.